"十四五"职业教育国家规划教材

"十三五"职业教育汽车类专业"互联网+"创新教材

汽车维护

主　编　盛国超
副主编　余茂生　徐腾达
参　编　陈　晖　叶鹏筠　李　成
　　　　毛　文　戈　曼
主　审　胡辉平

机械工业出版社

本书是"十四五"职业教育国家规划教材。

本书是汽车运用与维修专业"校企双元合作"教材，同时也是职业教育汽车类专业"互联网+"创新教材，包括理论知识和视频操作教学两部分。本书紧密结合当前汽车产业的发展及需求，主要内容包括汽车维护基本知识、汽车维修常用工具设备和维修手册的使用、5000km 维护、10000km 维护、40000km 维护、80000km 维护，共六个项目。

本书契合新时代职教精神，将工匠精神和汽车专业领域职业技能等级证书制度相关技能标准融入教材中，内容新颖、知识面广、重点难点突出、内容完整，彩色印刷、图片清晰美观，借助"互联网+"及信息技术，教材内容呈现立体化、可视化和数字化。

本书可以作为职业院校汽车运用与维修专业及相关汽车类的教学用书，也可作为汽车专业领域职业技能等级证书教学和考证用书，还可以作为技术培训资料和汽车爱好者的科普读物。

为方便教学，本书配有电子课件、电子教案、课后习题答案等资源，同时还配有"示范教学包"，可在超星学习通上实现"一键建课"，方便混合式教学。凡选用本书作为授课教材的教师均可登录 www.cmpedu.com，以教师身份注册后下载，或咨询相关编辑，编辑 QQ：729163363。

图书在版编目（CIP）数据

汽车维护/盛国超主编. —北京：机械工业出版社，2020.6
（2026.1 重印）
"十三五"职业教育汽车类专业"互联网+"创新教材
ISBN 978-7-111-65617-3

Ⅰ.①汽… Ⅱ.①盛… Ⅲ.①汽车-车辆修理-职业教育-教材 Ⅳ.①U472.4

中国版本图书馆 CIP 数据核字（2020）第 081922 号

机械工业出版社（北京市百万庄大街 22 号　邮政编码 100037）
策划编辑：师　哲　责任编辑：师　哲
责任校对：张　力　封面设计：张　静
责任印制：刘　媛
北京建宏印刷有限公司印刷
2026 年 1 月第 1 版第 14 次印刷
184mm×260mm・10 印张・243 千字
标准书号：ISBN 978-7-111-65617-3
定价：44.00 元

电话服务　　　　　　　　网络服务
客服电话：010-88361066　机 工 官 网：www.cmpbook.com
　　　　　010-88379833　机 工 官 博：weibo.com/cmp1952
　　　　　010-68326294　金 书 网：www.golden-book.com
封底无防伪标均为盗版　　机工教育服务网：www.cmpedu.com

关于"十四五"职业教育
国家规划教材的出版说明

为贯彻落实《中共中央关于认真学习宣传贯彻党的二十大精神的决定》《习近平新时代中国特色社会主义思想进课程教材指南》《职业院校教材管理办法》等文件精神，机械工业出版社与教材编写团队一道，认真执行思政内容进教材、进课堂、进头脑要求，尊重教育规律，遵循学科特点，对教材内容进行了更新，着力落实以下要求：

1. 提升教材铸魂育人功能，培育、践行社会主义核心价值观，教育引导学生树立共产主义远大理想和中国特色社会主义共同理想，坚定"四个自信"，厚植爱国主义情怀，把爱国情、强国志、报国行自觉融入建设社会主义现代化强国、实现中华民族伟大复兴的奋斗之中。同时，弘扬中华优秀传统文化，深入开展宪法法治教育。

2. 注重科学思维方法训练和科学伦理教育，培养学生探索未知、追求真理、勇攀科学高峰的责任感和使命感；强化学生工程伦理教育，培养学生精益求精的大国工匠精神，激发学生科技报国的家国情怀和使命担当。加快构建中国特色哲学社会科学学科体系、学术体系、话语体系。帮助学生了解相关专业和行业领域的国家战略、法律法规和相关政策，引导学生深入社会实践、关注现实问题，培育学生经世济民、诚信服务、德法兼修的职业素养。

3. 教育引导学生深刻理解并自觉实践各行业的职业精神、职业规范，增强职业责任感，培养遵纪守法、爱岗敬业、无私奉献、诚实守信、公道办事、开拓创新的职业品格和行为习惯。

在此基础上，及时更新教材知识内容，体现产业发展的新技术、新工艺、新规范、新标准。加强教材数字化建设，丰富配套资源，形成可听、可视、可练、可互动的融媒体教材。

教材建设需要各方的共同努力，也欢迎相关教材使用院校的师生及时反馈意见和建议，我们将认真组织力量进行研究，在后续重印及再版时吸纳改进，不断推动高质量教材出版。

机械工业出版社

前言

在新一轮科技革命和产业变革的影响下,产业升级和经济结构调整不断加快,"互联网+汽车"、新能源汽车、共享汽车、智能网联汽车等新业态的出现加速了汽车后市场的变革,面对新业态、新生态,与之相适应的汽车后市场人才极其匮乏,因此新时代汽车专业高素质技术技能人才的培养任重道远。

本书是汽车专业领域职业技能等级证书的"课证融合"教材,是汽车运用与维修专业"校企双元合作"教材。职业技能等级证书的"课证融合"教材符合新时代职业教育要求,校企双元合作开发教材突出职业教育的特点。本书将汽车专业领域职业技能等级证书制度相关技能标准和企业的新技术、新工艺、新规范纳入教学内容,强化学生实习实训。本书的出版将有助于推动汽车产业人才培养,有利于拓展学生就业创业本领,缓解结构性就业矛盾。

本书按照汽车维护实际工作情况,每个实操任务都是以任务目标、任务描述、知识储备、任务实施、总结及拓展训练等环节为主线形成"闭环教学"模式,结合理论知识进行实践操作训练,对应企业岗位能力需求,形成理实一体化的学习模式,并有配套的视频操作教学,可以弥补目前在线精品课程教学资源的不足。

本书由安徽省汽车工业学校盛国超担任主编,福建工业学校余茂生、安徽省汽车工业学校徐腾达担任副主编,其他参与编写的还有陈晖、叶鹏筠、李成、毛文、戈曼。盛国超负责全书的统稿及整理工作,胡辉平任主审。

本书在编写过程中得到了安徽风之星汽车股份有限公司、安徽惠风别克4S店、合肥宝泓宝马4S店等合作企业的大力支持与帮助,在此表示衷心的感谢。

由于编者水平有限,书中难免有疏漏之处,敬请读者批评指正。

编 者

二维码索引

序号	二维码	名 称	页码	序号	二维码	名 称	页码
1		使用举升机	34	7		更换空调滤芯	76
2		前期检查	46	8		使用汽车诊断仪	82
3		检查汽车照明信号及更换刮水器	46	9		车轮换位	87
4		更换空气滤芯	57	10		更换火花塞	94
5		更换机油及机油滤清器	63	11		更换冷却液	99
6		清洗节气门体	71	12		更换制动片	103

（续）

序号	二维码	名　称	页码	序号	二维码	名　称	页码
13		更换制动液	110	17		更换制动盘	136
14		清洗、检测喷油器	121	18		更换手动变速器油	142
15		汽车空调系统维护	126	19		更换自动变速器油	146
16		更换传动带	132				

目录

前言
二维码索引

项目一　汽车维护基本知识 ······ 1
　任务一　认知 4S 店 ······ 2
　任务二　汽车维护制度 ······ 10
　任务三　汽车维修 5S 管理制度 ······ 12
　任务四　汽车维护安全防护 ······ 15
　练一练 ······ 17

项目二　汽车维修常用工具设备和维修手册的使用 ······ 19
　任务一　使用汽车常用工量具 ······ 20
　任务二　使用举升机 ······ 32
　任务三　使用维修手册 ······ 39
　练一练 ······ 42

项目三　5000km 维护 ······ 44
　任务一　汽车常规检查 ······ 45
　任务二　更换空气滤芯 ······ 56
　任务三　更换机油及机油滤清器 ······ 61
　练一练 ······ 67

项目四　10000km 维护 ······ 69
　任务一　清洗节气门体 ······ 70
　任务二　更换空调滤芯 ······ 75
　任务三　使用汽车诊断仪 ······ 80
　任务四　车轮换位 ······ 86
　练一练 ······ 90

项目五　40000km 维护 … 92

　　任务一　更换火花塞 … 93
　　任务二　更换冷却液 … 98
　　任务三　更换制动片 … 102
　　任务四　更换制动液 … 109
　　任务五　更换燃油滤清器 … 114
　　任务六　清洗和检测喷油器 … 120
　　任务七　汽车空调系统维护 … 125
　　练一练 … 129

项目六　80000km 维护 … 130

　　任务一　更换传动带 … 131
　　任务二　更换制动盘 … 135
　　任务三　更换手动变速器油 … 141
　　任务四　更换自动变速器油 … 145
　　练一练 … 150

参考文献 … 151

项目一 / Project 1

汽车维护基本知识

【项目描述】

本项目介绍汽车维护基本知识，包括认知 4S 店、汽车维护制度、汽车维修 5S 管理制度以及汽车维护过程中基本的安全防护措施。通过本项目的学习，学生可以对汽车维护有简单认识，为本课程的学习打好基础。

任务一

认知 4S 店

【任务目标】
1. 了解 4S 店的作用。
2. 了解 4S 店区域配置。
3. 了解 4S 店人员设置。

【任务描述】
王先生最近想买一辆汽车，不知道应该去哪里买，买了之后又要去哪里维护；王先生从网上看到 4S 店，可是他不知道 4S 店有什么作用。本任务中将学习 4S 店的相关知识。

【知识储备】

一、4S 店简介

4S 店全称为汽车销售服务 4S 店，是一种集整车销售（Sale）、零配件（Sparepart）、售后服务（Service）、信息反馈（Survey）四位一体的汽车销售企业。虽然 4S 店从 1998 年以后才逐步由欧洲进入国内，但其发展却极为迅速，已经成为目前汽车经销领域投资热点。图 1-1 所示为上汽通用别克 4S 店。

图 1-1　上汽通用别克 4S 店

（1）**整车销售**　汽车生产厂家指定专门的经销商，对单一品牌车辆进行销售，如图 1-2 所示。

（2）**零配件**　对单一品牌汽车零配件进行仓储和销售，如图 1-3 所示。

（3）**售后服务**　对单一品牌汽车提供维修服务，如图 1-4 所示。

（4）**信息反馈**　对客户和车辆信息进行收集和整理，如图 1-5 所示。

任务一 认知4S店

图 1-2　销售实景

图 1-3　仓库实景

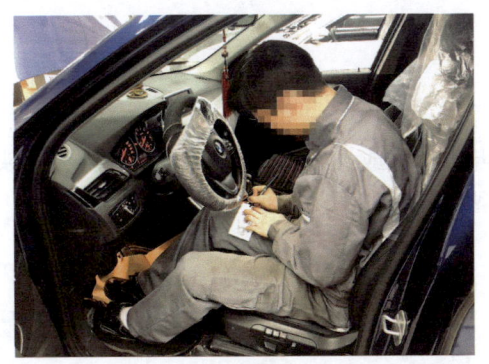

图 1-4　维修技师修理车辆

图 1-5　服务顾问收集信息

二、4S店区域设置

1. 车辆停放区

车辆停放区分为新车停放区、售后维修停车区（待修停车区、快修停车区、竣工停车区）、客户停车区、服务停车区、员工停车区和二手车停放区等区域，如图1-6所示。

2. 车辆预检区

在车辆预检区可以对维修车辆进行接待、登记和预检。预检一般设有1~2个预检工位，就近维修接待，并能方便预检车辆进入，预检完成后能直接驶入车辆维修区。

3. 车辆维修区

在车辆维修区可以对售后车辆进行维护、事故修理和局部组装改进等。车辆维修区除按工艺流程设置洗车位、修车位、修理用房、工具间和废品库等，还配备车间管理办公室、空气压缩机房和配电房等设备配套用房。车间设计对采光照度要求高，并且需要良好的通风，设有单独的车间出入口，如图1-7所示。

4. 配件仓储区

配件仓储区储备一定量的汽车零配件，以供客户选购和修理车辆换用，同时对事故或损耗零部件进行保存归档,反馈给厂家检查。配件仓储区需要有直接的进货门,内部可以设 2.5m 左右的夹层,以提高利用率,另有配件管理办公室、车间领货窗口,如图 1-8 所示。

图 1-6　车辆停放区

图 1-7　车辆维修区

5. 样车展示区

样车展示区一般位于展厅前方,客户进入店前区域或站在展厅入口即能看到,车头朝向过道,按车型大小依次摆放,禁止差别过大车型并置,如图 1-9 所示。

图 1-8　配件仓储区

图 1-9　样车展示区

6. 客户休息区

客户休息区布置舒适,可配套咖啡吧、影视屏幕等,一般还要求有一面可以直接看见车辆维修区的玻璃墙,以显示厂家技术操作的规范性与可信任性的设计理念。同时,维修接待与客户休息区还要完成零配件展示(部分安排在展厅)与销售功能,设有展示架或精品屋,并配备收银处,如图 1-10 所示。

7. 销售洽谈区

销售顾问和客户在此区域洽谈有关汽车销售的相关业务,如图 1-11 所示。

8. 行政办公区

经销商的行政办公区,同时管理联系着以上各个功能分块,主要有行政财务办公室、接待室、会议室和员工培训室等。受地块建筑密度的限制,此区域一般放在楼上。

任务一　认知4S店

图 1-10　客户休息区

图 1-11　销售洽谈区

三、4S店人员组织结构图

4S店人员组织结构图如图 1-12 所示。

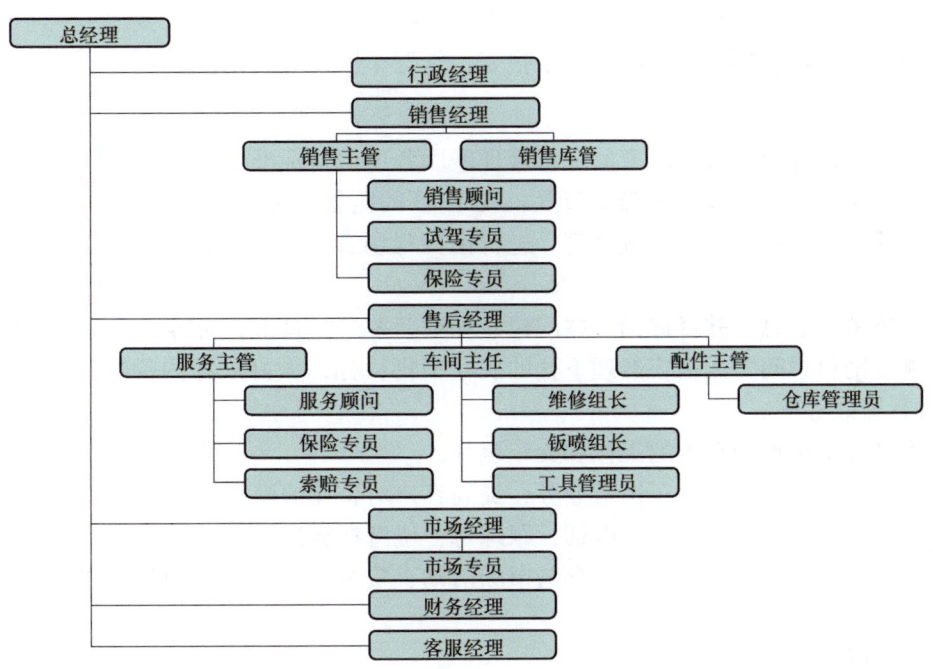

图 1-12　4S店人员组织结构图

1. 行政经理岗位职责

1）负责组织公司的报告、总结及决议等文件的成文工作，组织制订公司规章制度中的法律相关事务及文书档案的管理和保密工作。

2）负责公司各项证照的审核和年检工作。

3）负责公司固定资产、办公设备的采购和管理工作。

4）负责公司各项规章制度的组织学习和落实、检查工作。

5）协助总经理确保公司管理制度的标准化。

6）人力资源的储备，组织人才的选拔与考核，实施公司绩效考核工作。

7）做好公司的硬件点检及5S点检工作。

8）负责公司的食堂管理、宿舍管理、环境卫生管理、绿化管理和厂房管理等综合事务工作。

9）协调各部门之间的关系。

2. 销售经理岗位职责

1）根据公司下达的销售目标，制订相应的工作计划，组织实施，监督完成。

2）负责研读并领会厂家下达的商务政策，并对厂家的各项要求组织实施完成。

3）负责月初制订每月销售任务及工作目标报总经理处。

4）负责制订和落实针对销售顾问的培训计划，并对其进行考核。

5）负责对销售顾问每日的工作进行监督、抽查，督促销售顾问严格按销售流程、业务流程执行。

6）负责对销售及市场信息的整理和分析。

7）负责对市场的情况进行判断和预测，掌握市场的动态情况。

8）负责对销售部所有人员的组织、管理和考核工作。

9）负责督促信息部定期向厂家上报报表，掌握车辆动态的销售。

3. 销售主管岗位职责

1）配合销售经理，按照厂家的要求管理展厅各项运营标准。

2）负责车辆展示、展厅装饰及布置、展厅5S的监督和考核，营造适宜的展厅氛围。

3）跟踪和控制销售计划完成进度，进行销售现场管理，对销售顾问的工作进行监督和指导。

4）汇集销售信息，并督促销售顾问建立和更新客户信息卡，对客户进行分级与分类。

5）领导销售顾问完成销售经理下达的展厅销售目标，做好展厅内的销售工作，协助销售经理进行绩效考核。

6）安排好销售顾问每天的工作和交车事宜。

7）指导销售顾问开展整车销售业务，提高客户对企业的满意度。

8）要求销售顾问每天打回访电话，跟踪每一位潜在客户。

9）协助销售经理组织安排员工参与市场活动，贯彻实施活动并对活动进行跟进，及时进行活动信息反馈。

10）协助处理客户投诉。

4. 销售顾问岗位职责

1）认真贯彻公司的销售政策，在销售经理及销售主管的领导下，开展整车销售业务。

2）严格执行公司各项规章制度，完成接待流程和交车流程。

3）负责销售统计及信息反馈，确保数据的准确性、及时性。

4）对客户满意度负责，端正工作态度和服务态度，提高销售能力和销售质量，处理好相关投诉。

5）积极参加各项培训，提高自身的专业技能和综合素养。

6）配合公司开展各类外拓工作，并配合销售经理开好晨会、夕会、周会、月会工作。

任务一 认知4S店

7）严格执行公司的报价及优惠政策，不允许向客户高报价，不允许未经销售经理同意而向客户优惠或赠送公司制订的优惠政策以外的价格或装饰品。

8）听从管理、服从分配、遵章守纪，与同事之间团结互助，不做有损公司信誉和利益的事情。

5. 售后经理岗位职责

1）制订策略，实现公司所制订的业绩目标。
2）负责掌握售后服务部业绩指标的完成情况，并对其进行监控和督促。
3）负责建立所辖区域售后服务管理体系，完善各项工作管理流程和程序。
4）领导和激励下属员工，使所有员工的思维和行动都以客户为中心。
5）根据每月实际目标达成情况进行总结、分析，并制订与落实改善计划。
6）及时处理并解决客户投诉，针对客户投诉反映的问题制订改善措施。
7）组织并安排维修部人员的日常培训工作，提升车间人员的技术能力及前台人员的业务能力。
8）负责前台、车间及配件部各项日常工作的协调。
9）严格按公司运作标准或相关要求开展工作，负责控制和提高车间维修质量，安全生产成本控制和环境管理。
10）组织本部门开展的各项相关活动及评估工作。

6. 服务顾问岗位职责

1）积极主动地推行双向预约工作。
2）负责建立并完善客户服务档案。
3）热情地接待客户，及时了解客户需求。
4）认真执行本企业制订的各项流程规定，向客户宣传公司政策及品牌形象。
5）正确提示、判断客户汽车故障并做出估价。
6）积极协调各部门关系，做好客户服务工作，努力提高客户满意度。
7）做好交车后的跟踪服务，及时了解客户反馈信息，根据客户的需求不断改进工作。
8）对客户满意度负责，端正工作态度和服务态度，提高销售能力和销售质量，处理好相关投诉。
9）积极参加各项培训，提高自身的专业技能和综合素质。
10）配合公司开展各类外拓工作，并配合售后经理开好晨会、夕会、周会和月会工作。

7. 索赔专员岗位职责

1）认真执行保修政策，维护品牌和公司的利益和形象。
2）认真检查索赔车辆，做出质量鉴定，负责故障原因分析，结合质量担保政策，判定是否符合索赔要求。
3）按照厂家汽车索赔条例办理索赔申请及相应索赔事物，如索赔、维护单据的填报，索赔旧件管理等。
4）积极向客户宣传汽车索赔条例，现场解决客户关于索赔的各种问题。
5）主动收集反馈有关车辆质量方面的信息。
6）负责客观真实地开展索赔工作，不得弄虚作假，及时向管理层汇报工作状况。

7）将索赔件按时返厂，协助财务人员与厂家结算三包费用。

8. 维修组长岗位职责

1）根据前台和车间主任的分配，认真、仔细地完成维修工作。
2）负责在维修过程中对客户车辆采取有效的防护措施。
3）负责按委托书项目进行操作，在维修过程所出现的问题及时向车间主任汇报。
4）对每个维修项目必须自检，合格后转到下个工序，不断提高专业技术，保证维修质量。
5）耐心、周到、热情地解答客户相关疑问，提高服务质量。
6）仔细、妥善地使用和保管工具设备及资料。
7）负责维修后的整理工作，做到油、水、物"三不落地"，保持车间整洁、有序。

9. 配件主管岗位职责

1）负责配件订货计划和库位改善，建立合理的备件库存量，根据公司要求和市场需求，将库存周转率控制在合理范围内，加快资金周转。
2）负责制订配件的储备上下限定额。
3）负责到货配件的入库。
4）负责新车计划、配件知识的培训工作。
5）负责紧急件的订货管理，按照新老车型、库存限额制订合理的计划。
6）负责提升部门员工专业能力和现场管理能力，保证充足的配件供应。
7）配合财务部进行每月的盘点工作。
8）每月向相关部门提供月度报表及相关文件。
9）负责定期对配件部进行盘点，确保账、卡、物一致。

10. 仓库管理员岗位职责

1）负责材料及零配件的验收、入库、摆放、保管、盘点和对账等工作。
2）负责保持仓库内部的货品和环境的整洁卫生工作。
3）负责仓库日常物资的挑选、复核及发货工作。
4）负责入库后建卡、入账，并做到账、卡、物三结合。

11. 市场经理岗位职责

1）协助销售经理和售后经理制订产品不同时期的广告营销和服务营销策略。
2）及时向厂家提交相关市场活动计划、总结及其他相关资料。
3）及时收集竞品信息，加以整理与分类，并制作调研报告及时反馈给销售部。
4）负责市场促销活动的策划、组织、实施工作。
5）及时对广告活动的效果进行评估及总结，分析广告效果，对比投入产出。
6）制订4S店活动的预算，合理控制预算。

12. 市场专员岗位职责

1）负责公司各项数据统计分析，制订有针对性提升的月度市场推广方案并执行。
2）组织、策划品牌和公司的形象提升推广活动。
3）负责厂家的各类品牌推广活动。

4）负责各类宣传物料的设计与制作。

13. **客服经理岗位职责**

1）根据总经理的要求，指导、带领客服部员工完成工作任务。
2）制订部门工作计划并实施完成。
3）负责管理和协调客户反馈和投诉的收集，追踪处理客户的问题。
4）做好客户档案的管理及客户的定期回访工作。
5）组织、协调各部门做好客服工作，发生客户投诉时，具有执行权。
6）不断优化客户满意度调查的方式和方法，为总经理制订提高客户满意度的规划。
7）做好本部门及公司的媒体公关工作。
8）负责组织本部门人员定期上报服务质量表及其他业务报表。
9）负责跟踪信息的汇总和分析。
10）负责优化工作流程。

【总结及拓展训练】

通过本任务的学习，同学们了解了4S店的作用及人员组织结构。在企业里，每个员工定岗定责、合理分工后，可以发挥员工个人的特长，让员工有良好的工作状态，工作也更加有效。现在还有一些新功能逐步在4S店实现，包括金融服务、保险服务、汽车用品销售、二手车交易、安全驾驶教育和汽车租赁业务等，同学们可以在课后查询了解这些知识。

任务二

汽车维护制度

【任务目标】

1. 了解汽车维护的目的。
2. 了解汽车维护制度。

【任务描述】

王先生买完汽车,服务顾问告诉他汽车还需要定期维护,王先生有点疑惑,汽车为什么要定期维护?维护制度又是怎样的?本任务中将学习汽车维护制度。

【知识储备】

汽车维护的目的在于以养代修,延长零部件的使用寿命,减少损坏发生的概率,可以及时发现和排除故障。通过合理的维护可以保持车辆技术状况良好,确保行车安全,取得良好的经济效益、社会效益和环境效益,图1-13所示为汽车维护车间。

图 1-13 汽车维护车间

根据 GB/T 18344—2016 规定,汽车维护分为日常维护、一级维护和二级维护。

一、日常维护

日常维护是指以清洁、补给和安全性能检视为中心内容的维护作业。

日常维护周期为出车前、行车中和收车后，主要由驾驶人进行维护作业，如检查轮胎气压、检查油液位置等，如图1-14和图1-15所示。

图1-14　检查轮胎气压

图1-15　检查油液位置

二、一级维护

一级维护是指除日常维护作业外，以润滑、紧固为作业中心内容，并检查有关制动、操纵等系统中安全部件的维护作业，由专业维修企业负责执行。

三、二级维护

二级维护是指除一级维护作业外，以检查、调整制动系统、转向系统、悬架等安全部件，并拆检轮胎，进行车轮换位，检查调整发动机工作状况和汽车排放相关系统等为主的维护作业，由专业维修企业负责执行。

一级维护、二级维护的周期以行驶里程间隔为基本依据，由汽车维修人员进行维护作业。本书以二级维护作业为主，根据行驶里程间隔不同，编写了5000km维护、10000km维护、40000km维护和80000km维护共四个项目，项目之间为后者包含前者的关系，每个维护项目仅列出前一个维护项目不包括的内容。

【总结及拓展训练】

通过本任务的学习，同学们了解了汽车维护的目的和汽车维护制度。汽车维护制度是保障汽车运行安全的基本制度，贯彻"安全第一、预防为主"的方针。凡是驾驶人应严格遵守车辆操作规程，加强对车辆的经常性安全检查，定期维护保养，严禁带故障出车。请同学们结合所学知识，分别列举出日常维护、一级维护和二级维护的项目。

任务三

汽车维修 5S 管理制度

【任务目标】

了解汽车维修 5S 管理制度。

【任务描述】

王先生的车在 4S 店进行维护后，4S 店整洁的维修现场给他留下了深刻印象。他很好奇汽车维修行业是怎么对维修现场进行管理的，本任务中将学习汽车维修 5S 管理制度。

【知识储备】

5S 是整理（Seiri）、整顿（Seiton）、清扫（Seiso）、清洁（Seiketsu）、素养（Shitsuke）五个项目，因日语的罗马音都是"S"开头，简称为5S。

5S 管理制度起源于日本，是为了改善汽车维修现场环境、提升工作效率、保证工作质量、营造企业管理氛围以及创建良好的企业文化而产生的。图 1-16 所示为汽车维修场地。

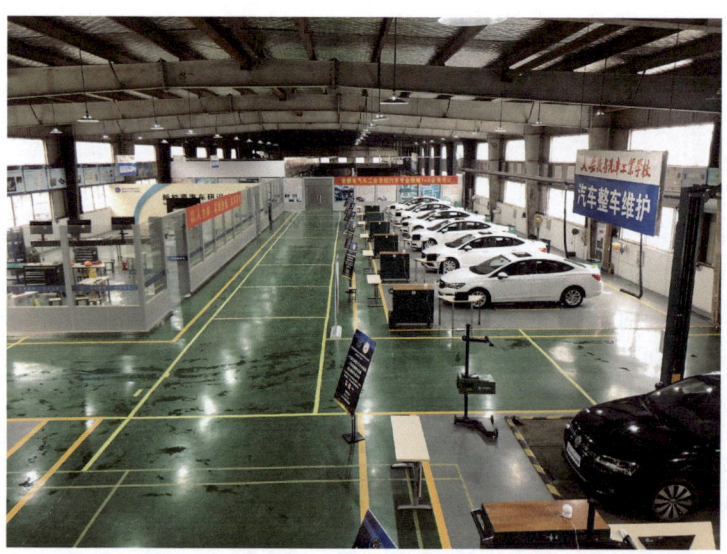

图 1-16　汽车维修场地

任务三　汽车维修 5S 管理制度

一、整理

（1）**定　义**　整理是指区分要与不要的物品，现场只保留必需的物品。

（2）**目　的**

改善和增加作业面积；现场无杂物，行道通畅，提高工作效率；减少磕碰，保障安全，提高质量；消除管理上的混放、混料等事故；有利于减少库存，节约资金；改变作风，提高工作积极性。

（3）**意　义**　把要与不要的物品分开，再将不需要的物品进行处理，对生产现场的现实摆放和停滞的各种物品进行分类，区分什么是现场需要的，什么是不需要的；对于车间里各个工位或设备的前后、通道左右、厂房上下、工具箱内外以及车间的各个死角，都要进行彻底搜寻和清理，达到现场无不用之物。

二、整顿

（1）**定　义**　整顿是指必需品依规定摆放整齐有序，明确标示。

（2）**目　的**　不浪费时间寻找物品，提高工作效率和产品质量，保障生产安全。

（3）**意　义**　把需要的物品加以定量、定位，通过前一步整理后，对生产现场需要留下的物品进行科学合理的布置和摆放，以便用最快的速度取得所需之物，在最有效和最简洁的流程下完成作业。

（4）**要　点**

1）物品摆放要有固定的地点和区域，以便于寻找，消除因混放而造成的差错。

2）物品摆放地点要科学合理。

3）物品摆放目视化，使定量装载的物品做到过目知数，摆放不同物品的区域采用不同的色彩和标记加以区别。

三、清扫

（1）**定　义**　清扫是指清除现场内的脏污，清除作业区域的物料垃圾。

（2）**目　的**　清除脏污，保持现场干净、明亮。

（3）**意　义**　将工作场所的污垢去除，使异常的发生源很容易发现，是实施自主维护的第一步，主要是在提高设备稼动率。

（4）**要　点**

1）自己使用的物品（如设备、工具等）要自己清扫，不要依赖他人，不增加专门的清扫人员。

2）清扫设备主要是对设备的维护，清扫设备要同设备的点检结合起来，清扫即点检；清扫设备要同时做设备的润滑工作，清扫也是维护。

3）清扫也是为了改善，当清扫地面发现有飞屑和油水泄漏时，要查明原因，并采取措施加以改进。

四、清洁

（1）**定　义**　清洁是指将整理、整顿、清扫实施的做法制度化、规范化，维持其成果。

（2）目的 认真维护并坚持整理、整顿、清扫的效果，使其保持最佳状态。

（3）意义 通过对整理、整顿、清扫活动的坚持与深入，从而消除发生安全事故的隐患，创造一个良好的工作环境，使工作人员能愉快地工作。

（4）要点

1）车间环境要做到清洁，保证工作人员身体健康，提高劳动热情。

2）不仅物品要清洁，而且工作人员也要做到清洁，如工作服要清洁，仪表要整洁等。

3）工作人员不仅要做到形体上的清洁，而且要做到精神上的"清洁"，待人要讲礼貌，要尊重别人。

4）不污染环境，进一步消除浑浊的空气、粉尘、噪声和污染源，消灭职业病。

五、素养

（1）定义 人人按章操作、依规行事，养成良好的习惯，使每个人都成为有素养的人。

（2）目的 提升"人的品质"，培养对任何工作都讲究、认真的人。

（3）意义 努力提高员工的自身修养，使员工养成良好的工作、生活习惯，让员工能通过实践5S获得人身境界的提升，与企业共同进步，是5S活动的核心。图1-17所示为"5S"理念。

图1-17 "5S"理念

【总结及拓展训练】

通过本任务的学习，同学们了解了汽车维修5S管理制度，它有助于改善生产环境、确保工作质量和工作安全、改变员工和客户心情、提高工作效率和客户满意度等。希望同学们以后在学习和工作过程中，都能用实际行动践行汽车维修5S管理制度。现在汽车维修行业还引入了新的概念，比如安全（Safe）、速度（Speed）、节约（Saving）等，成为6S、7S、8S，同学们还能想到哪些"S"可以加入汽车维修管理制度中？

任务四
汽车维护安全防护

【任务目标】
1. 掌握人员安全防护要点。
2. 掌握车辆安全防护要点。
3. 掌握人员操作安全防护要点。

【任务描述】
汽车维修场地有许多安全问题需要注意,要求维修人员保护自己的同时也保护车辆、设备,本任务中将学习汽车维护安全防护问题。

【知识储备】

一、人员防护

穿整洁的工作服和工作鞋,是职业化的具体体现,也是安全生产的基本要求。

1. 工作服

为了安全和方便工作,工作服必须结实合身;为了保护车内外,不要将腰带扣、纽扣和手表等坚硬物体暴露在外;为了防止机械损伤和烫伤,尽量不要裸露皮肤,如图1-18所示。

2. 工作鞋

工作鞋前部有保护钢板,底部可以防滑并且绝缘,可以起到很好的保护作用。

3. 其他防护用具

工作中必须穿着工作服和工作鞋,而其他防护用具应根据作业内容来决定是否佩戴。如检查排气管等热的物体时必须佩戴工作手套,以免受伤;在操作旋转性设备(如风动扳手)时,禁止戴工作手套。在操作会产生碎片的设备(如砂轮机)时,还应佩戴工作

图1-18 人员防护

手套和护目镜,如图1-19和图1-20所示。

图1-19　工作手套

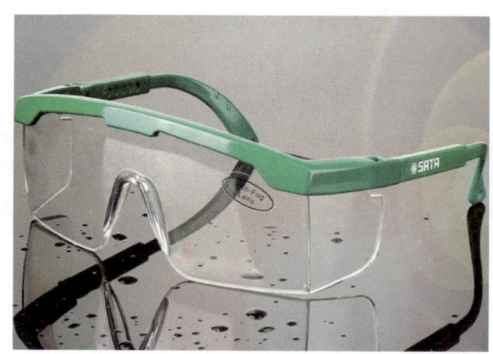

图1-20　护目镜

二、车辆防护

在进行车辆作业前,必须对车辆内外做好防护工作,保护车辆的同时也体现"客户至上"的理念。为了保证车辆不移动,应放好车轮挡块,如图1-21所示;为了避免作业时弄脏客户车内,应铺好地板垫、座椅套和转向盘套等,如图1-22所示。

为了避免操作时损坏或腐蚀车辆外部,应铺好翼子板布和前格栅布,如图1-23所示;为了保护作业环境,在起动发动机前应接上排气烟道,如图1-24所示;在作业完成后,还应对车内外进行清洁。

图1-21　车轮挡块

图1-22　车内防护

图1-23　车外防护

图1-24　排气烟道

三、人员操作安全

1）工作前应检查所使用的工具是否完整无损，施工中工具必须摆放整齐，不得随地乱放，工作完后应将工具清点检查并擦拭干净，按要求放入工具车或工具箱内。

2）拆装零部件时，必须使用合适的工具或专用工具，不得大力蛮干，不得用硬物锤子直接敲击零部件，所有零部件拆卸后要按一定顺序整齐安放，不得随地堆放。

3）废油应倒入指定废油桶收集，不得随地倒流或倒入排水沟内，以防废油污染。

4）修理作业时应注意保护汽车漆面光泽装饰，地毯及座位必要时要使用保护垫布、座位套，以保持修理车辆的整洁。

5）在车上修理作业及用汽油清洗零部件时不得吸烟，不准在修汽油车旁烧烘烤火嘴或点燃喷灯等。

6）用千斤顶进行底盘作业时，必须选择平坦、坚实场地并用三角木将前后轮塞稳，然后用安全凳按车型规定支撑点将车辆支撑稳固，严禁单纯用千斤顶顶起车辆在车底作业。

7）修配过程中应认真检查原件或更换件是否合乎技术要求，并严格按修理技术规范精心进行施工和检查调试。

8）修竣发动机起动检验前应先检查各部装配是否正确，是否按规定加足机油、冷却液，置变速器于空档，轻点电动机试运转。车底有人时，严禁起动车辆。

9）发动机过热时，不得打开散热器盖，谨防沸水烫伤。

10）地面指挥车辆行驶、移位时，不得站在车辆正前与后方，并注意周围障碍物。

【总结及拓展训练】

通过本任务的学习，同学们掌握了人员安全防护、车辆安全防护以及人员操作安全防护的要点。在实际生产中，安全是一项常抓不懈的工作，安全生产是对企业的最根本要求，安全管理是每个管理人员必须遵守的行为准则。拥有了安全，不等于拥有一切，但没有安全就一定没有一切。现在新能源汽车越来越多，同学们可以想一想：在给新能源汽车维护时需要注意哪些安全防护问题？

练一练

一、填空题

1. 4S店全称为汽车销售服务4S店，是一种集_____、_____、_____、_____四位一体的汽车销售企业。

2. 4S店区域有_____、_____、_____、_____、_____、_____和_____等。

3. 4S店人员设置有_____、_____、_____、_____等。

4. 汽车维护分为_____。

5. 5S包括_____、_____、_____、_____、_____。

6. 人员防护包括_____。

二、问答题

1. 整车销售是指什么？

2. 信息反馈有哪些内容？

3. 车辆预检区有哪些功能？

4. 销售经理主要有哪些职责？

5. 服务顾问主要有哪些职责？

6. 二级维护主要有哪些内容？

7. 5S 中整理的内容有哪些？

8. 车辆安全防护包括哪些内容？

项目二 / Project 2

汽车维修常用工具设备和维修手册的使用

【项目描述】

本项目介绍汽车维修常用工具设备的使用，包括使用汽车常用工量具、使用举升机以及使用维修手册。通过本项目的学习，学生应能熟练掌握汽车维修常用工具设备的使用方法，为本课程的学习打好基础。

任务一
使用汽车常用工量具

【任务目标】
1. 掌握各手动工具、量具的使用方法。
2. 掌握气动工具的使用方法。

【任务描述】
本任务介绍了常用工量具的功能、使用方法及使用注意事项。

【知识储备】

一、常用手动工具

在汽车维护中，常用的手动工具主要有成套套筒扳手、梅花扳手、呆扳手、扭力扳手、钳子、螺钉旋具和锤子等。每件工具都有自己特定的功能和使用方法，如果用于规定用途之外或使用方法不正确，将有可能造成零部件、工具甚至人员的伤害。工具使用完毕，应及时清洁及维护。

1. 扳手

（1）呆扳手　呆扳手是最常见的一种扳手，又称为开口扳手，其开口的中心平面和本体中心平面成15°角，这样既能适应人手的操作方向，又可降低对操作空间的要求。其规格是以两端开口的宽度来表示的，如8～10mm、12～14mm等；通常是成套装备，有8件一套、10件一套等，一般由45号、50号钢锻造，并经热处理，如图2-1所示。

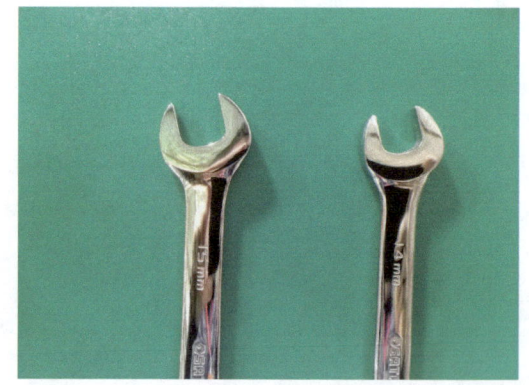

图2-1　呆扳手

> **小提示**
> 正确选择扳手的大小和方向：
> ① 扳手的规格应与所拆螺栓、螺母相适应。如果过大，扳手开口侧面就不能与

螺栓头部或螺母贴紧，用力时扳手就会脱离螺栓头部或螺母，导致滑丝。

② 使用呆扳手时，为了使扳手不致损坏或滑出，在最初旋松和最后旋紧螺母时，拉力应施加在较厚一边的扳口上，但螺母松动后可以翻转使用。

③ 使用呆扳手时，最好的效果是拉动，若必须推动，只能用手掌来推并且手指要伸直，以防螺母松动时碰伤手指。

④ 扳手钳口以一定角度与手柄相连。这意味着通过转动呆扳手，可在有限空间中进一步旋转，防止相对的零部件也转动，如在拧松一根燃油管时，用两个呆扳手拧松一个螺母。不能在扳手手柄上接套管，因为这会造成超大转矩，损坏螺栓或呆扳手。

（2）梅花扳手　梅花扳手同呆扳手的用途相似，其两端是花环式的，它扭转力矩大，工作可靠，不易滑脱，携带方便。其孔壁一般是12边形，使用时可将螺栓和螺母头部套住，扳动30°后，即可换位再套，因而适用于狭窄场合下操作。与呆扳手相比，梅花扳手强度高，因为扳手钳口是双六角形的，可以容易地装配螺栓、螺母，可以在一个有限空间内重新安装。并且由于螺栓、螺母的六角形表面被包住，因此没有损坏螺母角的危险，并可施加大转矩。使用时不易滑脱，但套上、取下不方便。其规格以闭口尺寸 $S(mm)$ 来表示，如8～10mm、12～14mm等；通常是成套装备，有8件一套、11件一套等，通常由45号钢或40Cr锻造，并经热处理，如图2-2所示。

> **小提示**
>
> 梅花扳手的使用方法及注意事项如下：
>
> ① 使用梅花扳手时，扳手与螺母的尺寸必须相符。如果松动，就会损坏螺母及梅花扳手棱角，甚至会碰伤手。
>
> ② 在工作中遇到较紧的螺栓不易旋松时，禁止在扳柄上再增加力臂或用锤子锤击扳柄，以免折断扳手。

（3）两用扳手　两用扳手兼有以上两种扳手的优点，用起来更方便。两用扳手就是把呆扳手和梅花扳手制成一体，即一端是呆扳手，另一端是梅花扳手，并且呆扳手和梅花扳手的公制尺寸相同。呆扳手一端适合快拧，梅花扳手一端可用于大力矩紧固操作，工作效率高。因此在汽车维护作业中，两用扳手的使用更加普遍，通常也是成套装备，使用方法及注意事项与呆扳手、梅花扳手相同，如图2-3所示。

（4）套筒扳手　套筒扳手的材料、环孔形状与梅花扳手相同，适用于拆装位置狭窄或需要一定转矩的螺栓或螺母。套筒扳手主要由套筒头、滑头手柄、棘轮手柄、快速摇柄、接头和接杆等组成，各种手柄适用于各种不同的场合，使用时由几件组成一把扳手。其套筒部分与梅花扳手的端头相似。套筒制成单件，可以拆下。可根据需要，选用不同规格的套筒和各种手柄进行组合。如活动手柄可以调整所需力臂，快速手柄用于快速拆装螺母、螺栓，同时还能配用扭力扳手显示拧紧力矩。

套筒扳手具有功能多、使用方便和安全可靠的特点，尤其在拆装部位空间狭小、凹下很深或不易接近等部位的螺栓、螺母更为方便、实用。以操作方便或提高效率为原则，常用套筒扳手的规格为 10～32mm。常用的套筒扳手有 13 件、17 件和 24 件套等多种规格，如图 2-4 所示。

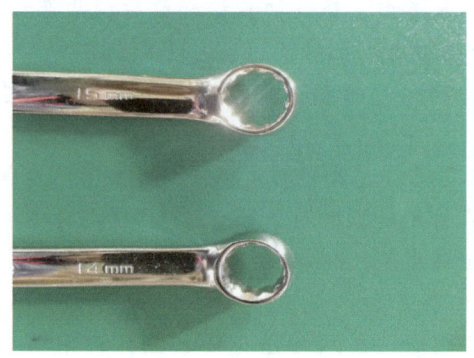

图 2-2　梅花扳手

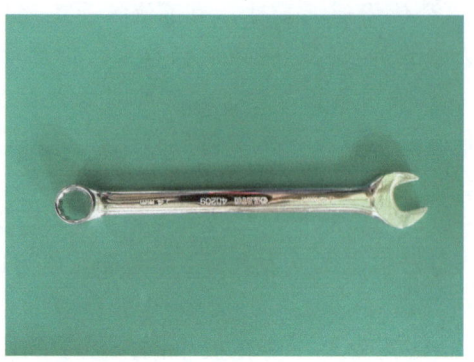

图 2-3　两用扳手

套筒头是圆筒形状，使用时环孔紧套在螺栓或螺母的 6 个面上，所以不会打滑或脱落，是汽车维护中的常用工具。套筒头的环孔形状与梅花扳手相同，有 6 角或 12 角，但两者的强度基本没有区别，可以随意选择，但是紧固小尺寸的螺栓式螺母时，为了防止螺栓变形，建议选用 6 角，如图 2-5 所示。

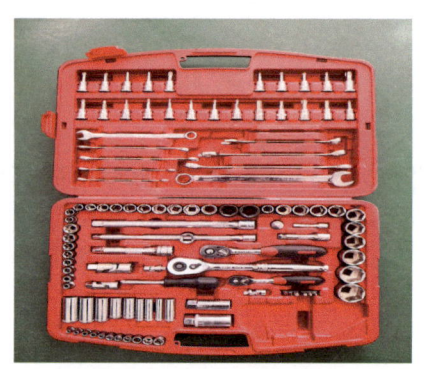

图 2-4　成套的套筒扳手

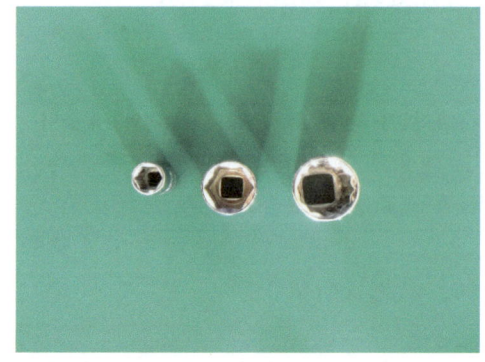

图 2-5　套筒头

按套筒扳手的用途分类，有利用棘轮手柄作业的手动套筒扳手和利用气动工具、电动工具作业的机动套筒扳手。一般机动套筒扳手比手动套筒扳手的尺寸都大 15%～20%，并且机动套筒扳手的强度和硬度都比较高，表面更不易变形。所以不可以将手动套筒扳手代替机动套筒扳手使用，以免损坏。

套筒扳手的手柄有棘轮扳手和旋转扳手，棘轮扳手能提高工作效率，使用广泛，棘轮扳手的方头部分有棘轮结构，可以切换正转或反转，特别适合狭窄场合使用。此外，还有 L 形伸缩扳手、快速摇柄和滑行头手柄等。滑行头手柄的手柄头可沿扳杆滑动，力臂可以变化，L 形伸缩手柄可倾斜一定角度旋转套筒头，快速摇杆能连续转动，使用方便，工作效率较高。

接杆连接在套筒头与扳手之间，适合在狭窄空间作业，可用于拆下和更换装得太深不易接触的螺栓/螺母，可根据使用情况，选择接杆的长度，如图 2-6 所示。

套筒的方形套头部分可以前后或左右移动，手柄和套筒扳手之间的角度可以自由变化，使其成为在有限空间内的有用工具。不要使手柄倾斜较大角度来施加力矩。不能用于风动工具。球节由于不能吸收旋转摆动而脱开，会造成工具、零部件或车辆损坏，如图2-7所示。

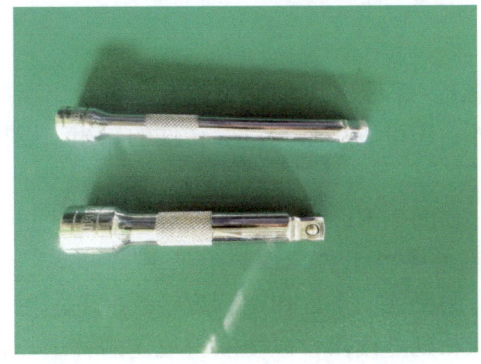

图2-6　接杆

图2-7　方形套头

（5）内六角扳手　内六角扳手也称为六角棒扳手，其断面形状为六角形，内六角扳手是用来拆装六角螺栓和螺钉的，有管套形、L形、T形等几种结构形式，通常用铬钒钢、碳钢等材料制成。铬钒钢扳手比碳钢扳手更有韧性。内六角扳手规格以六角形对边尺寸表示，3~27mm尺寸的有13种，汽车维修作业中使用成套内六角扳手拆装M4~M30的内六角头螺栓，如图2-8所示。

（6）活扳手　活扳手的开口尺寸能在一定的范围内任意调整，可用于拆装不规则的螺母或螺栓，使用场合与呆扳手相同，但活扳手操作起来不太灵活。其规格是以最大开口宽度来表示的，常用的有150mm、300mm等，通常是由碳素钢（T）或铬钢（Cr）制成的，如图2-9所示。

图2-8　内六角扳手

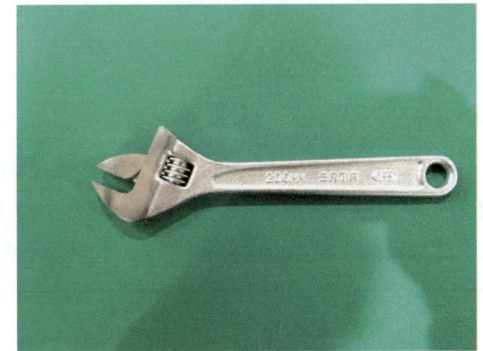

图2-9　活扳手

> **小提示**
>
> 　　使用方法及注意事项：使用活扳手时，应将活动钳口调整合适，工作时应使扳手可动部位承受推力，固定部分承受拉力，并且用力应均匀；尽量使用梅花扳手和呆扳手，不得已使用活扳手时，一定要调整好开口的尺寸与螺母棱角的配合，小心使用，

以防破坏螺母棱角。使调节钳口在旋转方向上来转动扳手，如果不用这种方法转动扳手，压力将作用在调节螺杆上，使其损坏。

（7）**扭力扳手** 扭力扳手是一种用于拧紧螺栓/螺母达到规定的转矩并可读出所施转矩大小的专用工具，除用来控制螺纹件旋紧力矩外，还可以用来测量旋转件的转矩，以检查配合和装配情况。

扭力扳手可分为预置式、表盘式和板簧式，如图2-10和图2-11所示。预置式扭力扳手通过旋转套筒可预设所要求的转矩，当螺栓在这些条件下拧紧时，会听到"咔嗒"声，它表明已达到规定的转矩。板簧式扭力扳手通过弯曲梁板，借助作用到旋转手柄上的力进行操作，此梁板由钢板弹簧制成。作用力可通过指针和刻度读出，以便取得规定的转矩。表盘式扭力扳手最为常用。

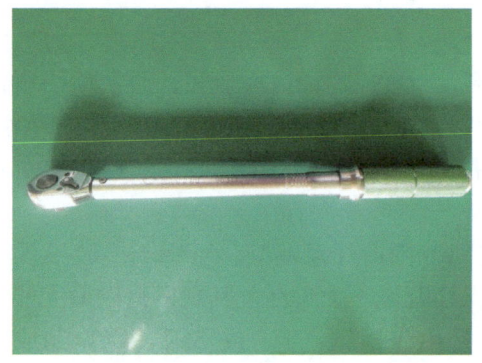 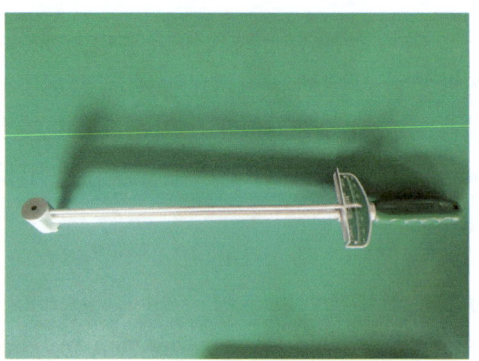

图2-10 预置式扭力扳手　　　　　图2-11 板簧式扭力扳手

> **小提示**
>
> 使用扭力扳手应注意以下事项：
>
> ① 所选用扭力扳手的开口尺寸必须与螺栓或螺母的尺寸相符合，扳手开口过大易滑脱并损伤螺母的六角，在进口汽车维修中，应注意扳手公英制的选择。
>
> ② 为了防止扭力扳手损坏和滑脱，应使拉力作用在开口较厚的一边，以防开口出现"八"字形，损坏螺母和扳手。
>
> ③ 扭力扳手是按人手的力量角度来设计的，遇到较紧的螺纹件时，不能用锤子击打扳手；除套筒扳手外，其他扳手都不能套装加力杆，以防损坏扳手或螺纹连接件。
>
> ④ 扭力扳手使用时，当听到"啪"的一声时，此时是最合适的。
>
> ⑤ 如果拧紧几个螺栓，在每个螺栓上均匀施加转矩，重复2~3次。
>
> ⑥ 如果专用维修工具与扭力扳手一起使用，则要按照修理手册中的说明计算转矩。
>
> ⑦ 使用板簧式扭力扳手应注意，使用扭力扳手量程的50%~70%施加均匀的力，不要用力太大，使手柄接触到杆。如果压力不是作用在销上，则不能获得精确的转矩测量值。

（8）专用扳手　专用扳手是一种用途较为单一的特殊扳手的统称，通常以其用途或结构特点来命名。每一种专用扳手又可以按照不同的规格和尺寸进行分类。在使用专用扳手时，必须选用与零部件相适应的扳手，以免扳手滑脱伤手或损坏零部件，如图2-12和图2-13所示。

> **小知识**
> ① 火花塞套筒扳手用来拆装火花塞，根据火花塞的型号选择相应的规格。
> ② L形轮胎扳手用于拆装轮胎。
> ③ 气门芯扳手用于拆装气门芯。
> ④ 机油滤清器扳手用于拆装机油滤清器。

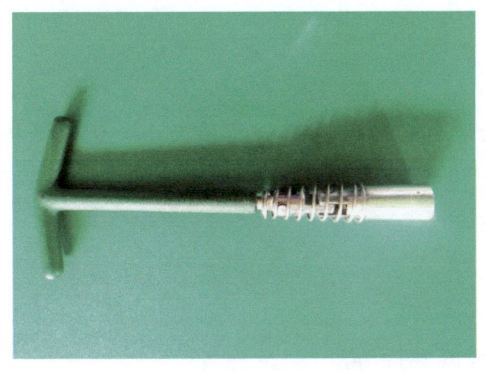
图2-12　火花塞套筒扳手

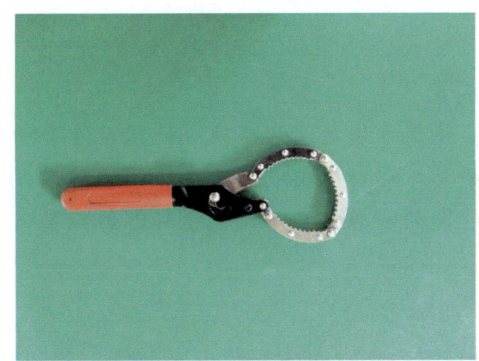
图2-13　机油滤清器扳手

（9）风动工具　风动工具使用压缩空气，并用于拆卸和更换螺栓、螺母，使用方便，能较快地完成工作，如图2-14所示。

> **小提示**
> 　　使用方法及注意事项：在正确的气压下使用，定期检查风动工具并用风动工具油润滑和防锈；如果用风动工具从螺栓上完全取下螺母，则旋转力可使螺母飞出，往往先用手将螺母对准螺栓，如果一开始就打开风动工具，则螺纹会被损坏，注意不要拧得过紧。使用较小的力拧紧，最后使用扭力扳手检查紧固力矩。

2. 螺钉旋具

螺钉旋具俗称为螺丝刀，主要用于旋松或旋紧有槽螺钉，螺钉旋具有很多类型，其区别主要是尖部形状，每种类型的螺钉旋具都按长度不同分为若干规格。常用的螺钉旋具有一字螺钉旋具和十字槽螺钉旋具，如图2-15所示。

一字螺钉旋具又称为一字起子、平口改锥，用于旋紧或松开头部开一字槽的螺钉，一般工作部分用碳素工具钢制成，并经淬火处理。其规格以刀体部分的长度表示，常用的规格有100mm、150mm、200mm和300mm等几种。使用时，应根据螺钉沟槽的宽度选用相应的规格。十字槽螺钉旋具又称为十字形起子、十字改锥，用于旋紧或松开头部带十字沟槽的螺钉，材料和规格与一字螺钉旋具相同。

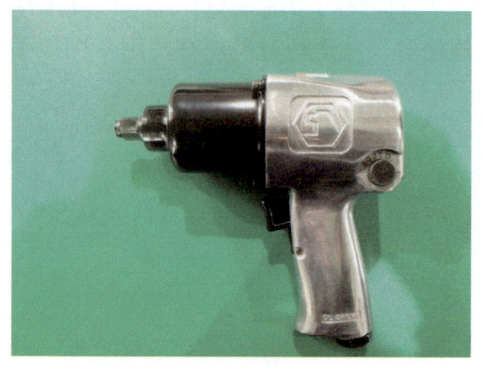

图 2-14 风动工具

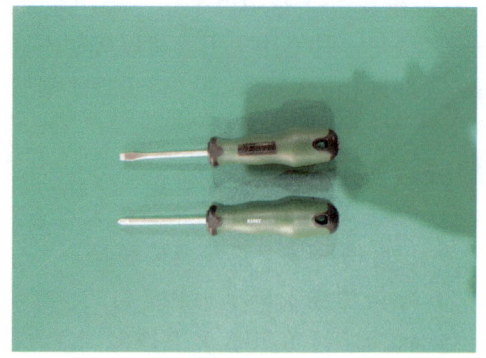

图 2-15 螺钉旋具

> **小提示**
>
> 使用方法及注意事项：使用尺寸合适的螺钉旋具，与螺钉的槽大小合适。保持螺钉旋具与螺钉尾端成直线，边用力边转动。切勿用鲤鱼钳或其他工具过度施加力矩，可能会刮削螺钉的凹槽或损坏螺钉旋具尖头。

3. 钳子

钳子多用来弯曲或安装小零部件、剪断导线或螺栓等。

（1）鲤鱼钳　鲤鱼钳钳头的前部是平口细齿，适用于夹持一般小零部件；中部凹口粗长，用于夹持圆柱形零部件，也可以代替扳手旋小螺栓、小螺母；钳口后部的刃口可剪切金属丝。由于一片钳体上有两个互相贯通的孔，又有一个特殊的销子，所以操作时钳口的张开度可很方便地变化，以适应夹持不同大小的零部件，是汽车维修作业中使用最多的手钳。其规格以钳长来表示，一般有 165mm 和 200mm 两种，用 50 钢制造，如图 2-16 所示。

（2）钢丝钳　钢丝钳的用途和鲤鱼钳相似，但其支销相对于两片钳体是固定的，故使用时不如鲤鱼钳灵活，但剪断金属丝的效果比鲤鱼钳要好，其规格有 150mm、175mm 和 200mm 三种，如图 2-17 所示。

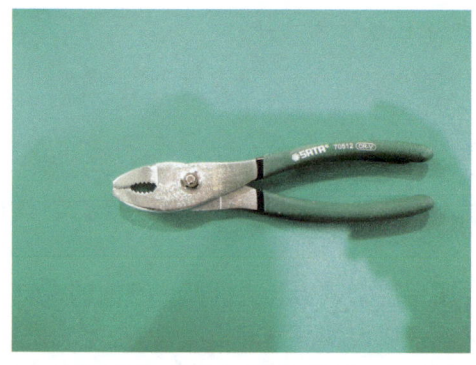

图 2-16 鲤鱼钳

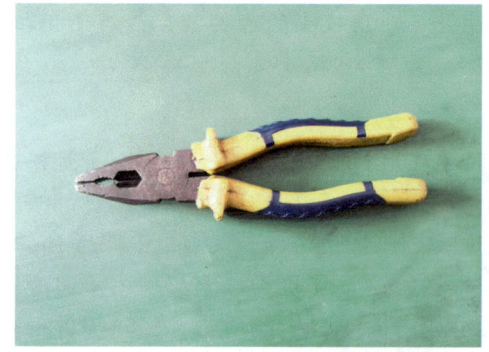

图 2-17 钢丝钳

（3）尖嘴钳　尖嘴钳和弯嘴钳因其头部细长，所以能在较小的空间内工作，带刃口的能剪切细小零部件，使用时不能用力太大，否则钳口头部会变形或断裂。其规格以全长来表示，常有125mm、150mm和175mm三种，如图2-18所示。

（4）挡圈钳 挡圈钳用于拆装弹性挡圈，分为孔用和轴用两种，每一种又可分为直嘴式和弯嘴式。汽车维护作业中用得较多的为175mm规格的。轴用挡圈钳是拆装轴用弹簧挡圈的专用工具，手把握紧时，其钳口是张开的；孔用挡圈钳是拆装孔用弹簧挡圈用的，手把握紧时，其钳口是闭合的，如图2-19所示。

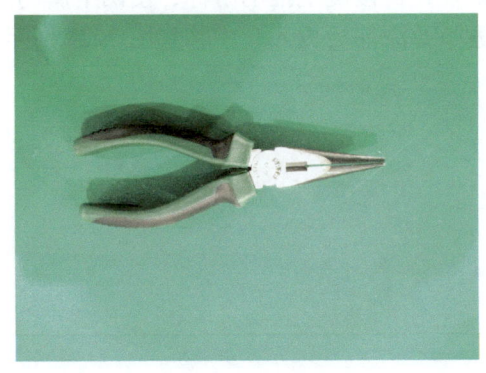

图2-18 尖嘴钳

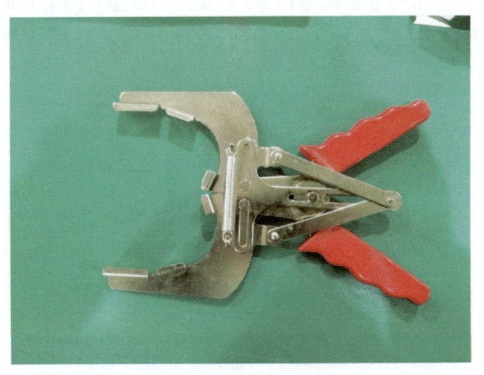

图2-19 挡圈钳

4. 锤子

汽车维修中常用的锤子有铁锤、木槌和橡胶槌。铁锤通常由工具钢制成，规格按锤头质量划分，汽车维修中最常用的是圆头锤子。使用时应使锤头安装牢靠，手握锤柄末端，用锤头正面击打物体。木槌和橡胶槌主要用于击打零部件加工表面，以保护零部件不被损坏，如图2-20所示。

5. 撬棍

撬棍为汽车工具箱中的一件普通工具，可用于撬动旋转件或敲开结合面，也可用于工件的整形，使用时将撬棍稳定支撑于某一位置，加力使之转动或撬起。使用时，撬棍不可代替铜棒使用，也不可用于软材质界面结合处，如图2-21所示。

图2-20 锤子

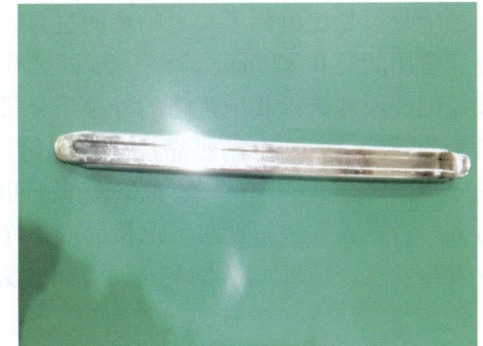

图2-21 撬棍

二、常用量具

1. 钢直尺

钢直尺是一种最简单的测量长度直接读数的量具，用薄钢板制成，常用来粗测工件的长度、宽度和厚度。常见钢直尺的规格有 150mm、300mm、500mm 和 1000mm 等，如图 2-22 所示。

2. 游标卡尺

游标卡尺主要用来测量零部件的内外直径和孔（槽）的深度等，其分度值分为 0.1mm、0.05mm 和 0.02mm 三种。测量时，应根据测量精度的要求选择合适分度值的游标卡尺，并擦净卡脚和被测零部件的表面。测量时将卡脚张开，再慢慢地推动游标，使两卡脚与工件接触，禁止硬卡硬拉。使用后要把游标卡尺卡脚擦净并涂油后放入盒中，如图 2-23 所示。

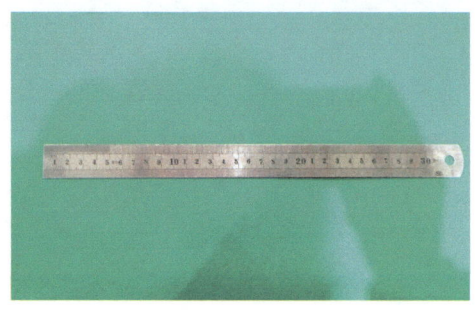
图 2-22　钢直尺

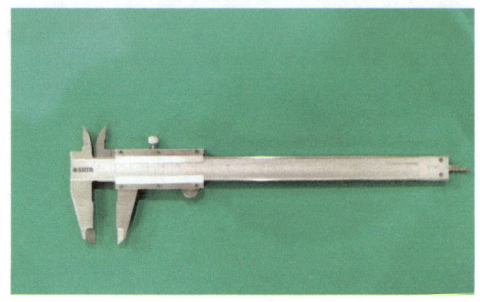
图 2-23　游标卡尺

> **小提示**
>
> 游标卡尺由尺身、游标、活动卡脚和固定卡脚等组成。常用分度值为 0.1mm 的游标卡尺，其尺身上每一刻度为 1mm，游标上每一刻度表示 0.1mm。读数时，先看游标上"0"刻度线对应的尺身刻度线读数，再找出游标上与尺身某一刻度线对齐的一条刻度线读数，测量的读数为尺身读数加上 0.1 倍的游标读数。

3. 外径千分尺

外径千分尺是比游标卡尺更精密的量具，其分度值为 0.01mm。外径千分尺的规格按量程划分，常用的有 0~25mm、25~50mm、50~75mm、75~100mm、100~125mm 等，使用时应按零部件尺寸选择相应规格的外径千分尺。使用外径千分尺前，应检查其分度值。检查方法是旋动棘轮，当两个砧座靠拢时，棘轮发出两三声"咔咔"的响声，此时，活动套管的前端应与固定套管的"0"刻度线对齐，同时活动套管的"0"刻度线还应与固定套管的基线对齐，否则需要进行调整。测量时应擦净两个砧座和工件表面，旋动砧座接触工件，直至棘轮发出两三声"咔咔"的响声时方可读数，如图 2-24 所示。

> **小提示**
>
> 外径千分尺的读数方法：外径千分尺固定套管上有两组刻线，两组刻线之间的横线为基线，基线以下为毫米刻线，基线以上为 0.5mm 刻线；活动套管上沿圆周方向有 50 条刻线，每一条刻线表示 0.01mm。读数时，固定套管上的读数与 0.01 倍的活动套管读数之和即为测量的尺寸。

4. 百分表

百分表主要用于测量零部件的形状误差（如曲轴弯曲变形量、轴颈或孔的圆度误差等）或配合间隙（如曲轴轴向间隙）。常见的百分表有0～3mm、0～5mm和0～10mm三种规格。百分表的刻度盘一般为100格，大指针转动1格表示0.01mm，转动1圈为1mm，小指针可指示大指针转过的圈数，如图2-25所示。

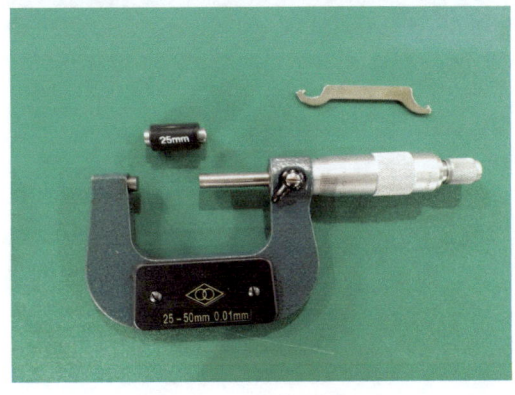

图2-24 外径千分尺

图2-25 百分表

小提示

在使用时，百分表一般要固定在表架上。用百分表进行测量时，必须首先调整表架，使测杆与零部件表面保持垂直接触且有适当的预缩量，并转动表盘使指针对正表盘上的"0"刻度线，然后按一定方向缓慢移动或转动工件，测杆则会随零部件表面的移动自动伸缩。测杆伸长时，表针顺时针转动，读数为正值；测杆缩短时，表针逆时针转动，读数为负值。

5. 量缸表

量缸表又称为内径百分表，主要用来测量孔的内径，如气缸直径、轴承孔直径等，量缸表主要由百分表、表杆和一套不同长度的接杆等组成，如图2-26所示。

小提示

测量时首先根据气缸（或轴承孔）直径选择长度尺寸合适的接杆，并将接杆固定在量缸表下端的接杆座上；然后校正量缸表，将外径千分尺调到被测气缸（或轴承孔）的标准尺寸，再将量缸表校正到外径千分尺的尺寸，并使伸缩杆有2mm左右的压缩行程，旋转表盘使指针对准零位后即可进行测量。测量过程中，必须前后摆动量缸表，以确定读数最小时的直径位置，同时还应在一定角度内转动量缸表，以确定读数最大时的直径位置。

6. 塞尺

塞尺又叫作厚薄规，主要用来测量两平面之间的间隙。塞尺由多片不同厚度的钢片组成，每片钢片的表面刻有表示其厚度的尺寸值。塞尺的规格以长度和每组片数来表示,常见的长度有 100mm、150mm、200mm、300mm 四种,每组片数有 2~17 等多种。在汽车维修中,塞尺常用来测量零部件之间的配合间隙,如气门间隙、曲轴轴向间隙等,如图 2-27 所示。

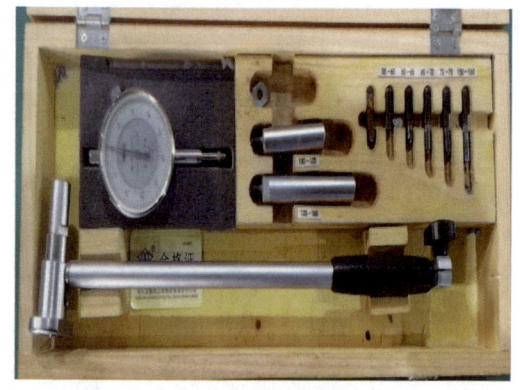

图 2-26　量缸表

图 2-27　塞尺

> **小提示**
>
> 　　使用时,先将要测量工件的表面清理干净,不能有油污或其他杂质,必要时用磨石清理;形成间隙的两工件必须相对固定,以免因松动导致间隙变化而影响测量结果;根据目测的间隙大小选择适当规格的塞尺逐个塞入;读出塞入的塞尺个数,然后对下一位进行估读即可。
>
> 　　当间隙较大或希望测量出更小的尺寸范围时,单片塞尺已无法满足测量要求,可以使用数片叠加在一起插入间隙中(在塞尺的最大规格满足使用间隙要求时,尽量避免多片叠加,以免造成累计误差);读出总塞入的塞尺个数,然后对下一位进行估读即可。

【任务实施】

一、工具设备准备

别克威朗实训车辆、世达 120 件套装工具、螺钉旋具、钳子、锤子、钢直尺、游标卡尺、外径千分尺、百分表、量缸表、塞尺。

二、任务操作过程

选用合适的工具,按照规范地流程拆装火花塞和轮胎等汽车零部件。选用合适的量具,按照规范流程测量火花塞间隙、制动盘厚度等。

【总结及拓展训练】

俗话说得好:"工欲善其事,必先利其器",通过本任务的学习,同学们掌握了常用工

任务一　使用汽车常用工量具

量具的使用方法，在以后的学习中同学们还要勤加练习，要熟练掌握工量具的使用，才能在汽车维护维修工作中做到事半功倍。同学们可以在老师的指导下学习气动扳手的使用方法，并练习拆装车轮。

【考核评价】

使用汽车常用工量具任务评价表

序号	操 作 步 骤	操作要点及规范	配　　分	得　　分
1	世达 120 件套装工具的使用		30 分	
2	螺钉旋具的使用		5 分	
3	钳子的使用		5 分	
4	锤子的使用		5 分	
5	钢直尺的使用		5 分	
6	游标卡尺的使用		10 分	
7	外径千分尺的使用		10 分	
8	百分表的使用		10 分	
9	量缸表的使用		10 分	
10	塞尺的使用		10 分	
	得　　分			

任务二 使用举升机

【任务目标】
1. 了解举升机的类型与作用。
2. 熟练掌握举升机安全操作规程。

【任务描述】
本任务介绍举升机的使用方法和注意事项。

【知识储备】

一、举升机的作用

举升机是4S店的常用设备之一,能将施修的汽车进行举升,使其离开地面一定高度,以便于修理人员进入汽车底部作业,或进行轮胎拆卸、四轮定位等工作。举升机给修理工作带来极大的方便,加之价格低廉、使用简单,所以目前举升机广泛在汽车4S店或者修理厂使用。

二、举升机的类型

(1)按照功能和形状分 举升机按照功能和形状可分为四柱式举升机、两柱式举升机、单柱式举升机、小剪举升机和子母大剪举升机,如图2-28~图2-32所示。

(2)按照功能分 举升机按照功能可分为四轮定位型和平板式。

图2-28 四柱式举升机

(3)按照占用的空间不同分 举升机按照占用的空间不同可分为地上式和地藏式。

三、举升机操作规程

1)使用前应清除举升机附近妨碍作业的器具及杂物,并检查操作手柄是否正常。

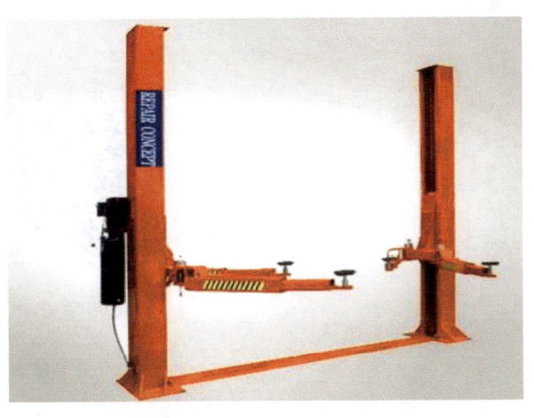

图 2-29　两柱式举升机

图 2-30　单柱式举升机

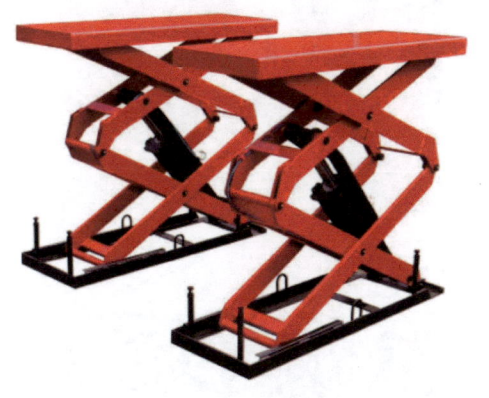

图 2-31　小剪举升机

图 2-32　子母大剪举升机

2）操作机构灵敏有效，液压系统不允许有爬行现象。

3）支车时，四个支角应在同一平面上，调整支角胶垫高度使其接触车辆底盘支撑部位。

4）支车时，车辆不可支得过高，支起后四个托架要锁紧。

5）待举升车辆驶入后，应将举升机支撑块调整移动对正该车型规定的举升点。

6）举升时人员应离开车辆，举升到需要高度时，必须锁止，并确保安全可靠才可开始车底作业。

7）烦琐笨重作业，不得在举升机上进行操作。

8）举升机不得频繁起落。

9）支车时举升要稳，降落要慢。

10）有人作业时严禁升降举升机。

11）发现操作机构不灵、电动机不同步、托架不平或液压部分漏油时，应及时报修，不得带故障操作。

12）作业完毕应清除杂物，打扫举升机周围，以保持场地整洁。

13）定期（半年）排除举升机油缸积水，并检查油量，油量不足应及时加注相同牌号

汽车维护

的液压油，同时应检查润滑、举升机传动齿轮及链条。

【任务实施】

使用举升机

一、工具设备准备

别克威朗实训车辆、举升机垫块、车轮挡块等。

二、任务操作过程

1. 小剪举升机的使用

1）检查车身位置是否对中

2）安装举升机垫块

3）举升车辆至刚离地

4）检查车身位置是否水平

5）在车辆前端按压车身确定车身稳定，可以继续举升

6）在车辆后端按压车身确定车身稳定，可以继续举升

（续）

 7）举升车辆至合适位置。举升过程中需注意车身水平位置，以防车辆侧倾	 8）落锁
 9）检查机械落锁是否到位	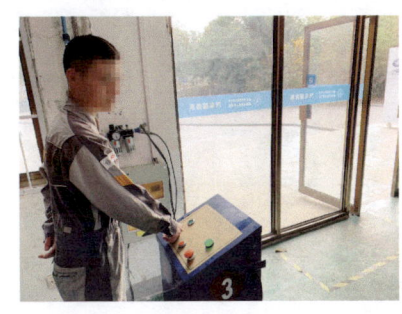 10）降下车辆。下降过程中需注意车身水平位置，以防车辆侧倾
11）移除举升机垫块	

2. 子母大剪举升机的使用

 1）检查车身位置是否对中	 2）检查车身位置是否水平

（续）

3）安装车轮挡块

4）安装举升机垫块

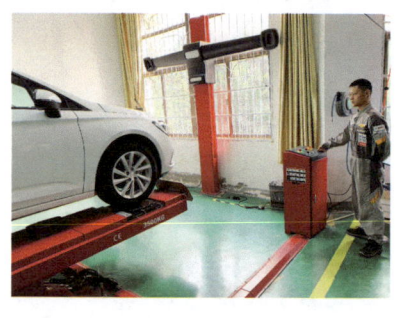

5）大剪举升车辆至合适位置。举升过程中需注意车身水平位置，以防车辆侧倾

6）检查车身位置是否水平

7）大剪落锁

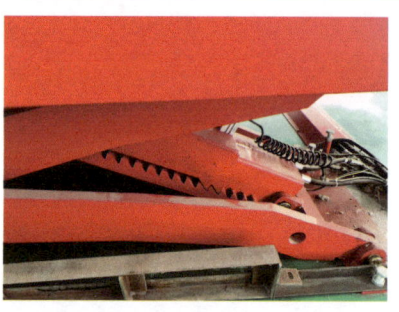

8）检查大剪机械落锁是否到位

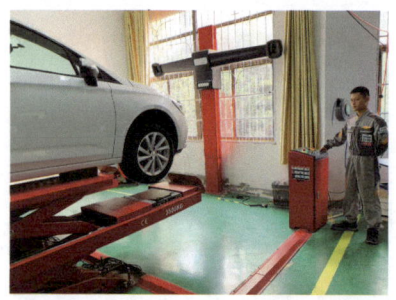

9）小剪举升车辆至合适位置。举升过程中需注意车身水平位置，以防车辆侧倾

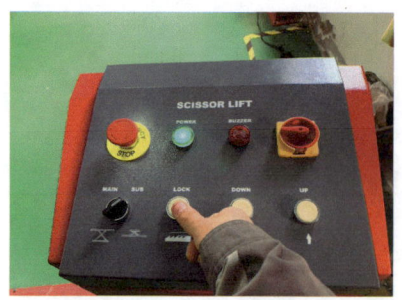

10）小剪落锁

（续）

11）检查小剪机械落锁是否到位	12）小剪降下车辆
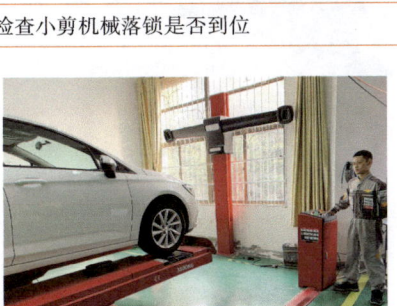	
13）大剪降下车辆	14）移除举升机垫块
15）移除车轮挡块	

3. 车辆恢复及5S

1）收车轮挡块并归位
2）收举升机垫块并归位
3）车辆、地面清洁

【总结及拓展训练】

通过本任务的学习，同学们掌握了小剪举升机和子母大剪举升机等几种常见举升机的使用方法，请同学们在以后的学习和工作中，勤加练习并严格按照举升机操作规范进行操作，杜绝事故的发生。如果条件允许，同学们可以在老师的指导下练习移动单柱式举升机的使用方法，如图2-33所示。

汽车维护

图 2-33　移动单柱式举升机

【考核评价】

使用举升机任务评价表

序号	操作步骤	操作要点及规范	配　分	得　分
1	工具设备维修		5 分	
2	检查车身对中位置		10 分	
3	安装举升机垫块		10 分	
4	举升车辆		10 分	
5	检查车身水平位置		10 分	
6	按压车身确定车身稳定		10 分	
7	举升车辆至合适位置		10 分	
8	落锁与机械落锁的检查		20 分	
9	降下车辆		10 分	
10	车辆恢复及 5S		5 分	
	得　　分			

任务三 使用维修手册

【任务目标】

1. 了解维修手册在现代汽车维修中的意义。
2. 熟练地使用电子版维修手册。

【任务描述】

本任务介绍维修手册的使用方法。

【知识储备】

一、别克汽车维修手册编排框架

别克汽车的维修手册提供了上汽通用汽车有限公司的汽车维护和修理信息,在维修手册中,可以了解现有关整辆车的维修信息,包括一般信息、车身金属构件和装饰件、车身维修、车身系统、制动系统、诊断导航、传动系统/车桥、驾驶人信息和娱乐系统、发动机、暖风、空调与通风系统、电源和信号分布、车顶、安全和防护、座椅、转向系统、悬架系统和变速器。

二、维修手册的每一章节均包含以下信息

1)规格——一般用于转矩、零部件尺寸、油液密封加注量等的查询(图2-34)。

2)示意图和布线图——电路图、系统示意图的查找。

3)诊断信息和程序——检测、测试、步骤及方法。

4)维修指南——拆装。

5)说明和操作——原理和功能介绍。

6)专用工具和设备。

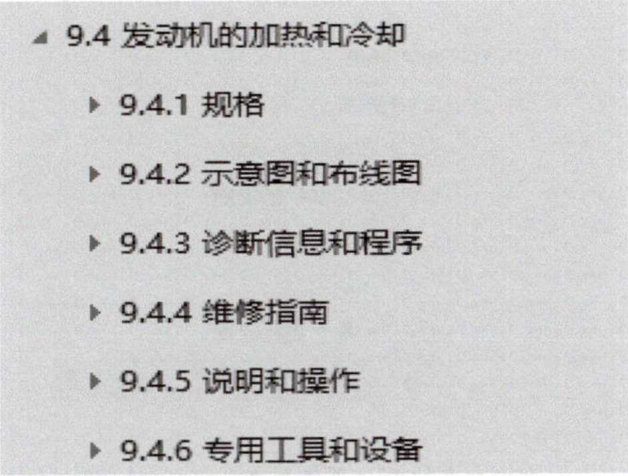

图 2-34 维修手册编排框架

汽车维护

【任务实施】

一、工具设备准备

2016款威朗维修手册电子版。

二、任务操作过程

1. 查询轮胎螺栓的规定转矩值

▶ 16.1 前悬架
▶ 16.2 后悬架
▶ 16.3 悬架—般诊断
▶ 16.4 轮胎气压监测系统
▶ **16.5 轮胎和车轮**
▶ 16.6 车轮定位

1) 根据别克车维修手册编排框架，在目录第16大项找到"轮胎和车轮"

▽ 16.5 轮胎和车轮
　　▽ 16.5.1 规格
　　　　16.5.1.1 紧固件紧固规格

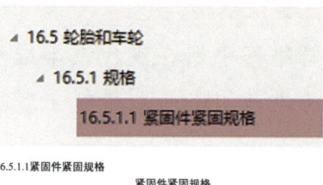

2) 根据维修手册编排特点，凡是查找转矩等参数的，直接在"规格"一栏中查找

2. 查找有关喷油器的诊断信息

▶ 9.1 12伏起动和充电
▶ 9.2 巡航控制
▶ **9.3 发动机控制系统和燃油系统—1.0升(L5Q LE1 LWT)、1.1升(LVG)、1.4升(LE2 LEX LV7)或1.5升(L3A L3G LFV)**
▶ 9.4 发动机的加热和冷却
▶ 9.5 发动机机械系统—1.0升(L5Q LE1 LWT)、1.1升(LVG)、1.4升(LE2 LEX LV7)或1.5升(L3A L3G LFV)

1) 首先要知道喷油器属于发动机燃油系统，根据别克车维修手册编排框架，在目录第9大项找到了"发动机控制系统和燃油系统"

▶ 9.3.1 规格
▶ 9.3.2 示意图和布线图
▶ **9.3.3 诊断信息和程序**
　　9.3.3.81 燃油系统诊断
　　9.3.3.82 喷油器的诊断
　　9.3.3.83 喷油器电路的诊断

2) 根据维修手册编排特点，凡是有关诊断信息的，直接在"诊断信息和程序"一栏中查找

3. 安装助力转向带轮的专用工具编号

▽ 15.1 动力转向
　　▶ 15.1.1 规格
　　▶ 15.1.2 示意图和布线图
　　▶ 15.1.3 诊断信息和程序
　　▶ 15.1.4 维修指南
　　▶ 15.1.5 说明和操作
　　▽ 15.1.6 专用工具和设备
　　　　15.1.6.1 专用工具

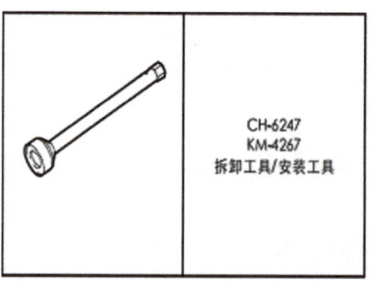

1) 根据别克车维修手册编排框架，在目录第15大项找到"动力转向"

2) 下拉找到专用工具一栏，找到"专用工具和设备"，找到转向带轮专用工具编号

任务三　使用维修手册

（续）

4. 手动变速器油的排放和加注操作流程	
▶ 17.1 自动变速器—6T30/6T35/6T40/6T4 5/6T50 ▶ 17.2 自动变速器—7T35 ▶ 17.3 离合器 ▶ **17.4 手动变速器 - M1x** ▶ 17.5 换档锁定控制系统 ▶ 17.6 变速器冷却	▲ 17.4 手动变速器 - M1x 　▶ 17.4.1 规格 　▶ 17.4.2 示意图和布线图 　▶ 17.4.3 部件定位图 　▶ 17.4.4 诊断信息和程序 　▲ 17.4.5 维修指南 - 车下 　　**17.4.5.1 变速器油排放和加注**
1）根据别克车维修手册编排框架，在目录第17大项找到了"手动变速器-M1x"	2）有关拆装的项目，一般在"维修指南"的目录里查找
5. 查看起动和充电系统电路图	
▶ 8.2 显示屏和量表 ▶ 8.3 辅助和可配置用户控制系统 ▶ **9.1 12伏起动和充电** ▶ 9.2 巡航控制 ▶ 9.3 发动机控制系统和燃油系统—1.0升(L 5Q LE1 LWT)、1.1升(LVG)、1.4升(LE2 L EX LV7)或1.5升(L3A L3G LFV)	▲ 9.1 12伏起动和充电 　▶ 9.1.1 规格 　▲ 9.1.2 示意图和布线图 　　**9.1.2.1 起动和充电示意图** 　▶ 9.1.3 诊断信息和程序 　▶ 9.1.4 维修指南
1）首先知道，起动系统也属于发动机系统，根据别克车维修手册编排框架，在目录第9大项里找到了"12伏起动和充电"	2）有关电路图、示意图的相关内容，一般在"示意图和布线图"的子目录里查找
6. 学习防抱死制动系统的工作原理	
▶ 4.6 刮水器和洗涤器 ▶ **5.1 防抱死制动系统** ▶ 5.2 盘式制动器 ▶ 5.3 液压制动器 ▶ 5.4 驻车制动器 ▶ 6.1 编程和设置	▲ 5.1 防抱死制动系统 　▶ 5.1.1 规格 　▶ 5.1.2 示意图和布线图 　▶ 5.1.3 诊断信息和程序 　▲ 5.1.5 说明和操作 　　**5.1.5.1 防抱死制动系统的说明与操作**
1）根据别克车维修手册编排框架，在目录第5大项找到了"防抱死制动系统"	2）有关原理和功能介绍的相关内容一般在"说明和操作"的子目录里查找

【总结及拓展训练】

　　通过本任务的学习，同学们掌握了电子版维修手册查询方法，维修手册是指导维修人员维修车辆的重要"工具"，同学们在以后的工作中，要善于使用和查询维修手册，提高工作效率。同学们可以练习查询：蓄电池寄生负载测试流程、更换压缩机需要添加润滑油的容量、常规选装件代码表、有关6T45变速器部件和系统说明。

汽车维护

【考核评价】

使用维修手册任务评价表

序号	操作步骤	操作要点及规范	配 分	得 分
1	工具设备准备		10 分	
2	别克车维修手册编排框架		30 分	
3	维修手册子目录特点		60 分	
	得 分			

练一练

一、填空题

1. 常用的扳手有_____、_____、_____、_____、_____、_____、_____和_____。
2. 维护中常用的量具有_____、_____、_____、_____、_____和_____。
3. 外径千分尺的分度值为____mm。
4. 百分表的分度值为____mm。
5. 游标卡尺的分度值分为____mm、____mm 和 ____mm 三种。
6. 举升机按照功能和形状分为_____、_____、_____、_____和_____。

二、选择题

1. 下列扳手优先选用（　　）。
   A. 梅花扳手　　B. 呆扳手　　C. 套筒扳手　　D. 活扳手
2. 下列（　　）可将螺栓紧固到规定力矩。
   A. 梅花扳手　　B. 呆扳手　　C. 扭力扳手　　D. 活扳手
3. 测量气缸外径最好用（　　）。
   A. 百分表　　B. 游标卡尺　　C. 外径千分尺　　D. 量缸表
4. 火花塞间隙用（　　）测量。
   A. 百分表　　B. 游标卡尺　　C. 外径千分尺　　D. 塞尺

三、判断题

1. 火花塞只用火花塞套筒紧固就行了。（　　）
2. 梅花扳手选用优于呆扳手。（　　）
3. 百分表可以测量制动盘的轴向圆跳动。（　　）
4. 使用举升机举升车辆时，举升起来不晃动就可以继续举升。（　　）

5. 游标卡尺可以测量气缸内径。（　　）

四、问答题

1. 读出下列各量具的读数。

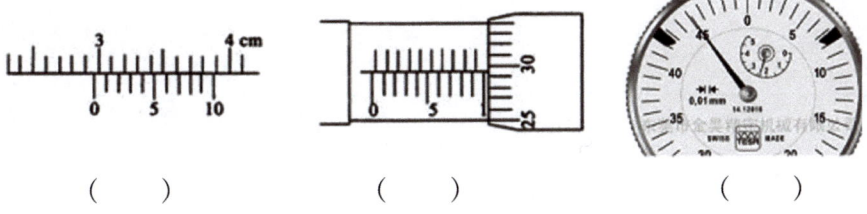

　　（　　）　　　　　　（　　）　　　　　　（　　）

2. 简述小剪举升机举升车辆的具体操作步骤。

3. 简述举升机的操作规程。

4. 如何在维修手册中查找有关喷油器的诊断信息？

项目三 / Project 3

5000km 维护

【项目描述】

5000km 维护是汽车维护中非常重要的一个项目，本项目包括汽车常规检查、更换空气滤芯、更换机油及机油滤清器。通过本项目的学习，学生可以掌握 5000km 维护所需的技能。

任务一
汽车常规检查

【任务目标】
1. 了解常规检查在汽车中的作用。
2. 熟练掌握汽车常规检查各种项目的操作。

【任务描述】
客户王先生的别克威朗汽车已经行驶了 5000km，王先生开车来到别克 4S 店，在服务顾问的询问与检查后将车辆交给维修技师，维修技师根据维护手册的要求对此车进行 5000km 维护，其中常规检查是汽车 5000km 维护中重要的任务。一起学习汽车常规检查的项目操作。

【知识储备】

一、常规检查的作用

汽车常规检查是汽车维护中非常重要的操作，汽车的组成系统非常多，总体可分为影响汽车起动和行驶的系统、保护驾驶人及乘客安全方面的系统、汽车舒适系统。常规检查主要针对以上三个方面做出最基本的检查维护，以保证每个系统都能正常工作。

二、常规检查项目内容及相关知识

常规检查一般是车辆简单的维护，包括车内检查、车外检查和底部检查。车内检查包括室内检查、发动机舱检查和行李舱检查等。车外检查包括玻璃检查、照明检查和漆面检查等。底部检查包括制动系统检查、行驶系统检查、燃油系统检查和排气系统检查等。

1. 汽车照明及信号系统的认知

汽车照明及信号系统主要分为车辆前部照明信号和车辆后部照明信号。

1）车辆前部照明信号如图 3-1 所示，其主要有汽车日间行车灯、示宽灯、前照灯近光、前照灯远光、前雾灯（选配）、左转向

图 3-1　车辆前部照明信号

灯、左侧面转向灯、右转向灯、右侧面转向灯。

2）车辆后部照明信号如图3-2所示，其主要有驻车灯、牌照灯、制动灯、高位制动灯、倒车灯、左转向灯、右转向灯、后雾灯。

2. 汽车仪表的认知

汽车仪表主要是为驾驶人提供汽车所需要的运行参数信息，如图3-3所示，一般包括发动机转速表、车速表、燃油表、里程表、冷却液温度表、灯光指示和信号指示等。

图3-2 车辆后部照明信号

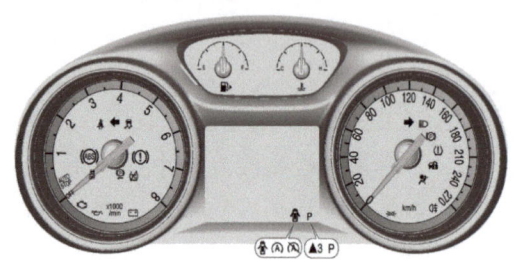

图3-3 别克威朗汽车仪表

【任务实施】

一、工具设备准备

别克威朗实训车辆、抹布、皮手套、车内三件套、发动机舱保护垫、车轮挡块、工具车、废气抽排装置、分类垃圾桶、头灯、手电筒等。

前期检查

检查汽车照明信号及更换刮水器

二、常规检查操作

1. 前期准备

1）安装车轮挡块。车轮挡块安装在非驱动轮，要贴紧车轮

2）安装排烟套

（续）

3）安装车内三件套。车内三件套包括转向盘套、座椅套和地板垫	4）打开发动机舱盖 5）安装发动机舱保护垫。发动机舱保护垫包括左右翼子板布和前格栅布

2. 检查汽车发动机舱内

1）检查机油液位。抽出机油尺，用抹布擦干净机油尺，重新放入机油尺等待2s，抽出机油尺观察机油油量	2）检查冷却液液位及冷却系统管路 ① 使用手电筒检查膨胀水箱的液位 ② 检查冷却水管共6根，其中包括膨胀水箱到发动机之间的水管、膨胀水箱到加热器之间的水管、散热器到发动机之间的水管

3）检查制动液液位。使用手电筒检查制动液液位	4）检查玻璃水液位。使用手电筒检查玻璃水液位
5）检查蓄电池电压 ① 校准万用表，使用万用表电阻档位校零，万用表内阻小于0.4Ω为合格 ② 测量蓄电池电压。对于装在行李舱位置的蓄电池，测量电压时可直接测量发动机舱内设计预留的正极测量点与预留的车身搭铁测量点之间的电压，此电压值也为蓄电池的电压值，一般情况下蓄电池电压值为12V或稍大于12V，对于低于12V的电压需要对蓄电池进行充电或更换	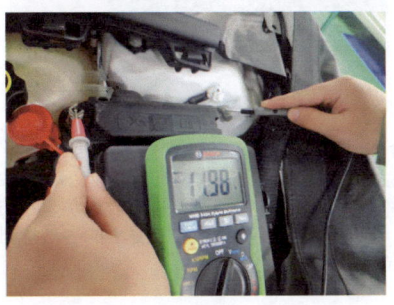

（续）

3. 检查汽车行李舱内

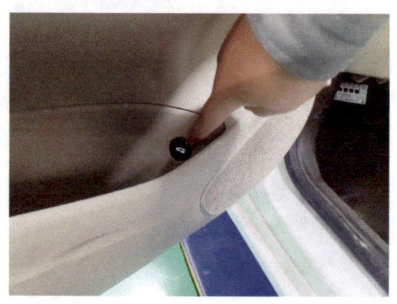

1）打开行李舱。可以使用车门上的行李舱开关打开，也可以使用汽车钥匙上行李舱开关键打开

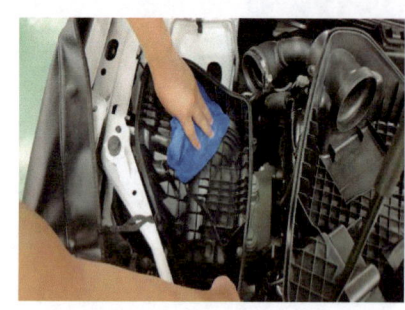

2）安装行李舱保护垫。行李舱保护垫可以使用前格栅布代替，目的主要是保护车辆后部保险杠不被刮坏

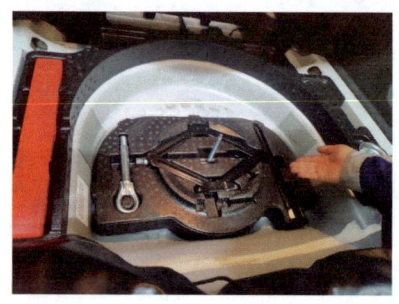

3）检查随车工具。随车工具包括千斤顶、轮胎扳手、牵引钩、三角警示牌。有些车辆还配有灭火器等工具，而灭火器的日期不能是过期产品

4）检查备胎。检查备胎花纹磨损情况，检查钢圈变形情况，检查备胎气压应为420kPa，检查完毕后应放置并固定在备胎座中

4. 检查汽车室内

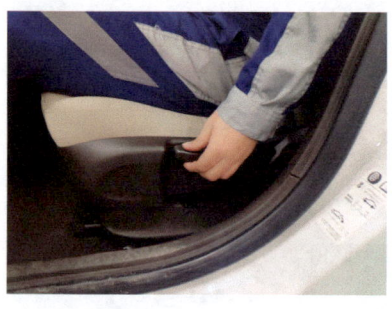

1）检查座椅调节。座椅调节分为手动调节和电动调节，别克威朗1.5S自动进取型配置的是手动座椅调节，驾驶人侧调节方向为6向调节，副驾驶人侧调节方向为4向调节，检查时首先确保调节拉杆是否能够正常调节，调整确定位置后检查锁止是否牢固

2）检查安全带。安全带作为保护人身安全的重要部件，在维护保养中的检查尤为重要，包括安全带的损坏检查、惯性锁止检查、锁扣及指示灯检查等

（续）

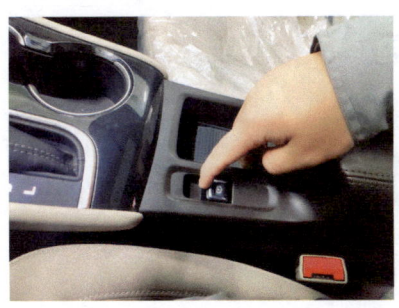

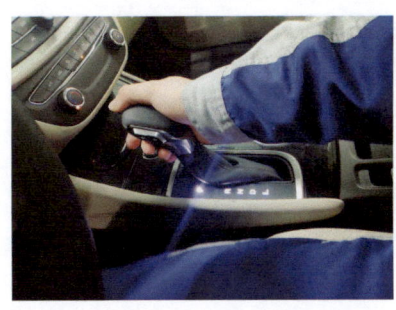

3）检查驻车制动。驻车制动是在停车后施加的制动力并能持续保持，是保证在停车后不会自行移动并保持停止状态。主要的检查方法为踩下制动踏板，拉起驻车制动听到车轮部位有电动机转动声音并检查仪表盘、驻车制动灯点亮

4）检查档位。将点火开关置于 ON 位，检查档位锁止开关的锁止情况，依次挂入 P、R、N、D、L 位观察仪表指示灯对应变化情况，挂入 L 位检查手动换档 1~6 变档并观察仪表指示状况

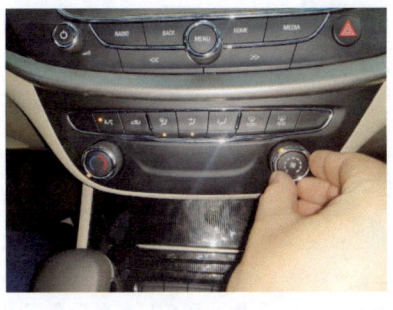

5）检查仪表。将点火开关置于 ON 位并观察仪表及指示信号灯点亮情况，等待数秒后部分信号故障灯熄灭，起动车辆等待数秒后观察仪表信号指示灯熄灭情况

6）检查空调。起动车辆，打开空调 A/C 开关，调节鼓风机档位大小，感觉风速变化情况，调节温度，感觉温度变化情况，调节模式门位置并及时观察模式门风向变化情况，将温度调节中间位置转换内外循环观察风速大小变化情况。调节中央出风口开关，检查开关情况

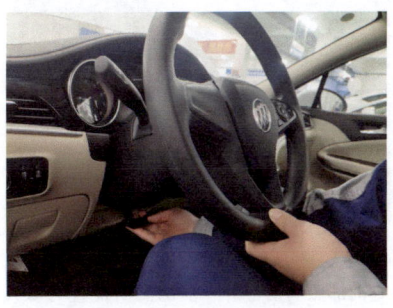

7）检查音响。检查收音机的调台、存台功能，检查 CD 机的播放功能，检查 CD、收音机、AUX、U 盘等切换功能，检查音响声音均衡变化等

8）检查转向盘调节功能。转向盘调节功能由于不同身材、不同驾驶习惯而设计的。一般检查四个调节位置的锁止是否正常即可

（续）

9）检查顶灯及门控灯。打开顶灯开关顶灯点亮，关闭开关顶灯熄灭，将开关置于门控灯位置，依次检查打开、关闭四个车门顶灯点亮、熄灭情况并观察仪表指示灯状况

10）检查玻璃升降器。检查驾驶人侧玻璃升降器开关状况、锁止状况，检查四个车门上玻璃开关状况

注意：一般情况下驾驶人侧配置一键上升、一键下降功能，所以需要检查驾驶人侧玻璃防夹功能

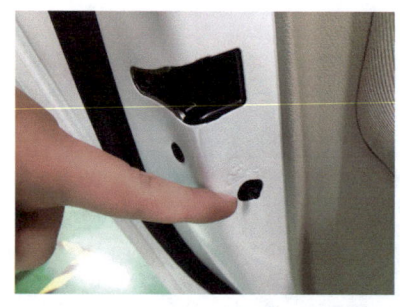

11）检查儿童锁。车辆儿童锁只有在后车门才有，主要防止行车时后排人员强制打开车门造成事故。检查方法是将儿童锁锁住，从内部无法打开车门，外面可以打开车门说明儿童锁正常

12）检查后排座椅放倒功能。后排座椅配置放倒功能主要的目的是为了可以托运大的长物件，也可以在驾驶室内拿取行李舱的物品。检查时主要检查锁止开关是否可以解锁和锁止

5. 检查汽车照明信号

1）检查前部照明信号灯。前部照明检查为双人作业项目，首先起动车辆，车内技师依次打开示宽灯→前照灯近光→前照灯远光→前照灯变光→左转向灯→右转向灯→危险警告灯，车内技师在听从外面技师指挥的同时也及时观察仪表上面对应的信号灯指示情况。外面技师根据灯光判断点亮及明暗问题，也及时发现问题并记录问题

2）检查后部照明信号灯。后部灯光检查为双人作业项目，由于操作安全问题，将车辆点火开关置于ON位，车内技师调整后视镜观察后面技师指挥依次打开示宽灯→制动灯→倒车灯→后雾灯→左转向灯→右转向灯→危险警告灯

注意：外部技师要检查牌照灯和高位制动灯

（续）

6. 检查汽车刮水器及更换刮水片

1）检查喷水器
① 检查喷水器喷射位置、喷射力、喷水的角度
② 当角度不正确时可以用细针调节角度，检查刮拭的玻璃是否干净

2）检查刮水器。检查单次、低速、高速、间歇四种模式状态下刮水器运动的速度变化。在间歇模式下调节间歇时间档位，观察刮水器间歇时间的变化。关闭刮水器观察刮水片回位状态
注意：刮水器在检查时必须先喷水再检查，防止对玻璃及刮水片造成损伤

3）更换刮水片
① 使用抹布或者保护垫放置在刮水片与玻璃接触部位，用于避免拆装过程中刮水器刮水臂砸伤玻璃
② 拆卸锁止卡，缓慢抽出旧的刮水片
③ 安装新的刮水片，检查锁止卡安装情况
④ 移除保护垫或者抹布并检查刮拭情况

7. 检查车辆底部

1）举升车辆。根据举升机操作规范举升车辆到合适位置

2）检查发动机各部位漏油情况。戴上皮手套使用手电筒或者头灯检查油底壳、排放塞、前后油封漏油及损坏情况

（续）

3）检查变速器及冷却系统泄漏情况。戴上皮手套使用手电筒或者头灯检查变速器油底壳、排放塞、冷却管路、散热器漏油及损坏情况

4）检查散热器及冷却系统。戴上皮手套使用手电筒或者头灯检查冷却系统散热器的进出水管、散热器、冷却风扇等的损坏情况

5）检查制动管路。戴上皮手套使用头灯及手电筒检查四个车轮上的排放口、软管、中间连接管路、固定管卡等损坏及泄漏情况

6）检查燃油及蒸发管路。戴上皮手套使用手电筒或者头灯检查燃油蒸发管路、活性炭罐、燃油管路、固定管卡等损坏及泄漏情况

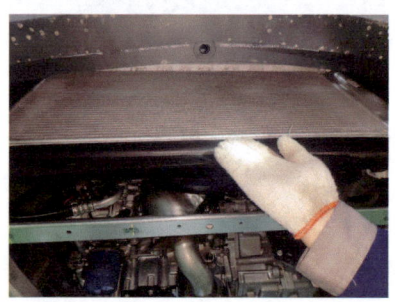

7）检查空调冷凝器。戴上皮手套使用手电筒或者头灯检查空调系统管路、空调高压压力传感器、冷凝器泄漏及损坏情况

8）检查三元催化转化器及排气管。戴上工作手套使用手电筒或者头灯检查三元催化转化器、连接软管、排气管、消声器、连接螺栓、吊环等损坏情况

（续）

9）检查传动轴及护套
①检查左右传动轴是否变形，传动轴承是否松动
②向左扳动车轮到方向极限位置，转动车轮一周，使用头灯检查左右及内外护套破损及漏油情况
③向右扳动车轮到方向极限位置，转动车轮一周，使用头灯检查左右及内外护套破损及漏油情况

10）检查转向系统
①检查转向横拉杆及转向球头变形损坏情况
②左右扳动车轮检查转向防尘套损坏及漏油情况

11）紧固底盘螺栓。汽车底盘件之间都是通过螺栓、螺母进行连接的，螺栓、螺母的松动会直接影响行车安全，螺栓、螺母的定期检查在汽车维护中尤其重要，车辆的每一处连接螺栓、螺母都有设计转矩，根据维修手册查阅底盘件连接螺栓的转矩并使用扭力扳手紧固螺栓
①前悬架螺栓紧固规格。下控制臂至万向节螺母35N·m+30°，下控制臂衬套螺栓和螺母100N·m+90°
②后悬架螺栓紧固规格。平衡锁闩连杆螺栓、螺母58N·m+45°，后桥托架螺栓100N·m+45°，减振器下螺栓100N·m

12）检查车轮及轮胎
①上下左右位置里外晃动车轮，检查四个车轮轴承晃动及损坏情况
②检查轮胎、轮毂表面磨损变形问题。观察轮胎花纹内部的胎面磨损指示器，当轮胎磨损到胎面磨损指示器平齐时需要更换轮胎。胎面磨损指示器的深度为1.6mm左右
③使用轮胎花纹深度尺检查四个轮胎花纹深度，并观察磨损量，磨损量是换胎、换位或者四轮定位的重要依据
④使用气压表检查轮胎气压，参照车辆铭牌上的标准气压，使四个车轮气压保持标准气压

（续）

8. 车辆恢复及5S

1）降下车辆、举升机，垫块归位
2）车外翼子板布、前格栅布拆除并叠好归位
3）车内三件套环保处理
4）抹布、手套回收或者环保处理
5）关闭发动机舱盖，升起车窗玻璃，拔下车辆钥匙，关门，锁门，收车轮挡块并归位
6）扭力扳手归零，工具清洁归位
7）车辆、地面清洁

【总结及拓展训练】

通过本任务的学习，同学们掌握了汽车常规检查各种项目的操作方法，汽车常规检查是每次车辆维护时例行检查的项目，基本涵盖了汽车各系统，涉及汽车维修工量具的选择和使用。本任务与汽车专业领域职业技能等级证书标准中的工作安全与作业准备职业技能要求相对应，同学们要勤加练习，为以后考取相应等级的职业技能等级证书打下基础。

【考核评价】

汽车常规检查任务评价表

序号	操作步骤	操作要点及规范	配　　分	得　　分
1	工具设备准备		5分	
2	前期准备		5分	
3	检查汽车发动机舱内		10分	
	检查液位			
	检查冷却系统			
	检查蓄电池			
4	检查汽车行李舱内		10分	
	检查随车工具			
	检查备胎			

任务一　汽车常规检查

（续）

序号	操作步骤	操作要点及规范	配　分	得　分
5	检查室内		20分	
	检查仪表			
	检查驻车制动			
	检查音响、空调			
	检查座椅、安全带			
	检查顶灯、门控灯			
	检查转向盘			
6	检查汽车照明信号		10分	
	检查车辆前部照明信号灯			
	检查车辆后部照明信号灯			
7	检查及更换刮水器		10分	
	检查喷水器			
	检查刮水器			
	更换刮水片			
8	检查车辆底部		20分	
	检查发动机、变速器			
	检查三元催化转化器、排气管			
	检查制动油管、燃油管、蒸发管			
	紧固底盘螺栓			
	检查车轮及轮胎			
9	车辆恢复及5S		10分	
得　分				

任务二
更换空气滤芯

🛠 【任务目标】

1. 了解空气滤清器的作用。
2. 熟练掌握空气滤芯的更换。

🚗 【任务描述】

客户王先生的别克威朗汽车已经行驶了5000km，王先生开车来到别克4S店，在服务顾问的询问与检查后将车辆交给维修技师，维修技师根据维护手册的要求对此车进行5000km维护，其中维护手册要求进行发动机空气滤芯的更换。下面将学习空气滤清器的相关知识并按流程更换空气滤芯。

【知识储备】

一、空气滤清器的作用

空气滤清器是对进入发动机气缸的空气进行净化的装置。空气中的灰尘、沙粒等杂质如果直接进入发动机气缸，它们将加速发动机的磨损，从而缩短发动机的使用寿命，甚至造成发动机的严重损坏。

空气滤芯分为干式和湿式两种，如图3-4所示，其中干式是汽车车型上最常用的，材料为滤纸或无纺布。为了增加空气通过面积，滤芯大都加工出许多细小的褶皱。

a)　　　　　　　　　　　　　　　　b)

图3-4　空气滤芯
a) 干式空气滤芯　b) 湿式空气滤芯

任务二　更换空气滤芯

如果滤芯阻塞严重，将使进气阻力增大，发动机功率下降。同时由于空气阻力增大，也会让行车 ECU 判断增加喷油量，导致混合气比例过浓，从而使发动机运转状态变差，增加燃油消耗，也容易产生积炭。合格的空气滤芯可以保证发动机工作时所需要的进气量，同时能过滤掉空气中的异物，而劣质的滤芯由于使用的制作材料质量很差会导致进气量过大或者过小，甚至起不到过滤效果，从而让环境中的异物进入发动机，使发动机严重磨损。

二、空气滤清器的位置

空气滤清器位于发动机进气系统前端，如图 3-5 所示，在进气管上安装，后面依次为多功能进气传感器、节气门体和进气歧管等。

图 3-5　空气滤清器位置图

【任务实施】

一、工具设备准备

别克威朗实训车辆、世达 120 件套装工具、十字螺钉旋具、一字螺钉旋具、抹布、手套、车内三件套、发动机舱保护垫、车轮挡块、工具车、废气抽排装置、新的空气滤芯、分类垃圾桶等。

更换空气滤芯

二、任务操作过程

1. 前期准备

1）安装车轮挡块。车轮挡块安装在非驱动轮，要贴紧车轮

2）安装排烟套

57

（续）

3）安装车内三件套。车内三件套包括转向盘套、座椅套和地板垫

4）打开发动机舱盖
5）安装发动机舱保护垫。发动机舱保护垫包括左右翼子板布和前格栅布

2. 拆卸空气滤清器

1）清洁空气滤清器外部壳体。使用毛巾清洁空气滤清器外壳，目的是防止在拆卸的过程中灰尘进入空气滤清器内部及进气管道里

2）旋松进气管卡箍。使用一字螺钉旋具或者7号套筒旋松卡箍螺栓，然后用手转动卡箍

3）拆卸空气滤清器壳体紧固螺栓。使用十字螺钉旋具按照对角线并多次拆卸方式拆卸

3. 拆卸空气滤清器并清洁滤清器内部

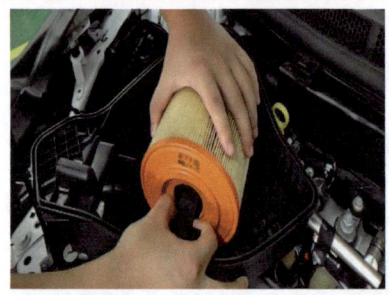
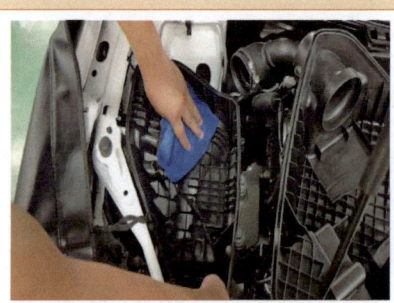

1）拆卸空气滤芯。根据图中所示首先按住图中位置的滤芯锁止向后抽出滤芯

2）清洁空气滤清器内部。用抹布和毛刷清洁空气滤清器上壳体，用毛刷、抹布、吸尘器清洁空气滤清器下壳体
注意：掀开盖子时要保护空气流量传感器连接线不被损坏

（续）

4. 安装空气滤芯	

安装新空气滤芯。比较新旧空气滤芯型号、大小是否相同，检查新的空气滤芯是否有破损情况，安装顺序与拆卸顺序相反，安装后检查滤芯的安装情况	
5. 安装空气滤清器	

1）安装空气滤清器壳体及进气管。首先安装进气管处，然后再安装空气滤清器 注意：安装时禁止用蛮力操作，否则会损坏空气滤芯及空气流量传感器	2）紧固空气滤清器螺栓、紧固进气管卡箍螺栓。使用十字螺钉旋具或者7号套筒对角线多次紧固空气滤清器螺栓。使用扭力扳手对角线紧固至2.5N·m 使用一字螺钉旋具紧固进气管卡箍并检查安装情况
6. 检查空气滤清器的工作情况	

1）检查驻车制动、档位，起动车辆，听空气滤清器壳体连接处漏气情况，听进气管是否漏气 2）踩下加速踏板并听空气滤清器连接处漏气情况，听进气管是否漏气	
7. 车辆恢复及5S	
1）降下车辆、举升机，垫块归位 2）车外翼子板布、前格栅布拆除并叠好归位 3）车内三件套环保处理 4）抹布、手套回收或者环保处理 5）关闭发动机舱盖，升起车窗玻璃，拔下车辆钥匙，关门，锁门，收车轮挡块并归位 6）扭力扳手归零，工具清洁归位 7）车辆、地面清洁	

【总结及拓展训练】

通过本任务的学习，同学们掌握了空气滤清器的相关知识，掌握了空气滤芯的更换，空气滤芯的更换是汽车每次维护必做项目。本任务与汽车专业领域职业技能等级证书标准中的1-1 汽车动力与驱动系统综合分析技术（初级）——燃油排气部件检查保养职业技能要求相对应，同学们要勤加练习，为以后考取相应等级的职业技能等级证书打下基础。现在有一辆丰田亚洲龙汽车需要更换空气滤芯，如图3-6所示，丰田亚洲龙汽车空气滤清器的固定壳体为卡箍形式，请同学们根据已学知识并结合该车辆具体情况，更换空气滤芯。

图 3-6　丰田亚洲龙空气滤清器

【考核评价】

更换空气滤芯任务评价表

序号	操作步骤	操作要点及规范	配 分	得 分
1	工具设备准备		5分	
2	前期准备		10分	
3	拆卸空气滤清器螺栓、进气管卡箍螺栓		20分	
4	拆卸空气滤芯		5分	
5	清洁空气滤清器内部壳体		10分	
6	安装新空气滤芯		10分	
7	安装空气滤清器壳体、紧固进气管卡箍螺栓		20分	
8	检查空气滤清器的工作情况		10分	
9	车辆恢复及5S		10分	
得 分				

任务三

更换机油及机油滤清器

【任务目标】

1. 了解机油的作用。
2. 熟练掌握机油及机油滤清器的更换。

【任务描述】

客户王先生的别克威朗汽车已经行驶了 5000km，王先生开车来到别克 4S 店，在服务顾问的询问与检查后将车辆交给维修技师，维修技师根据维护手册的要求对此车进行 5000km 维护，其中维护手册要求进行机油及机油滤清器的更换。下面将学习机油及机油滤清器的相关知识并按流程更换机油及机油滤清器。

【知识储备】

一、机油的作用

发动机是汽车的心脏，发动机内有许多相互摩擦运动的金属表面，这些部件运动速度快、环境差，工作温度可达 400~600℃。在这样恶劣的工况下，只有合格的机油才能减轻发动机零部件的磨损，延长使用寿命。

机油具有以下功用：

(1) 润滑减磨　活塞和气缸之间、主轴和轴瓦之间均存在着快速的相对滑动，要防止零部件过快的磨损，则需要在两个滑动表面间建立油膜。由足够厚度的油膜将相对滑动的零部件表面隔开，从而达到减少磨损的目的。

(2) 冷却降温　机油能够将热量带回机油箱再散发至空气中帮助散热器冷却发动机。

(3) 清洗清洁　机油能够将发动机零部件上的碳化物、油泥、磨损金属颗粒经循环带回机油箱，通过机油的流动，冲洗了零部件工作面上产生的脏物。

(4) 密封防漏　机油可以在活塞环与活塞之间形成一个密封圈，减少气体的泄漏和防止外界的污染物进入。

(5) 防锈防蚀　机油能吸附在零部件表面，防止水、空气、酸性物质及有害气体与零部件的接触。

(6) 减振缓冲　当发动机气缸压力急剧上升，突然加剧活塞、活塞屑、连杆和曲轴轴承上的负荷，这个负荷经过轴承的传递润滑，使承受的冲击负荷起到缓冲的作用。

二、机油按质量等级和黏度等级分类

机油的黏度多使用 SAE 等级标识，SAE 是"美国汽车工程师协会"的英文缩写。机油的黏度分类，例如"15W-40、5W-40"中，"W"表示 Winter（冬季），其前面的数字越小说明机油的低温流动性越好，代表可供使用的环境温度越低，在冷起动时对发动机的保护能力越好，如 5W 代表耐外部低温 -30℃，而 20W 代表耐外部低温为 -15℃。W 后面的数字代表机油在 100℃ 时的运动黏度，数值越高说明黏度越高。40 代表 100℃ 时运动黏度范围为 $12.5 \sim 16.3 mm^2/s$，并不是代表该类型机油可以在 40℃ 下使用。

机油质量等级用"API"等级表示，"API"是"美国石油协会"的英文缩写。机油质量等级使用两个字母组合表示，"S"开头系列代表汽油发动机用油，一般规格依次由 SA 至 SN（按字母顺序，但其中没有 SI），每递增一个字母，机油的性能都会优于前一种，机油中会有很多用来保护发动机的添加剂；字母越靠后，质量等级越高，国际品牌中机油级别多是 SF 级别以上的。"C"开头系列则代表柴油发动机用油。若"S"和"C"两个字母同时存在，则表示此机油为汽柴通用型。

选择机油牌号时，必须按发动机的工作条件来选择相应质量等级的机油，必须按车辆使用环境温度来选用相应黏度等级的机油。

三、机油各部件的位置

机油加注口盖位于发动机上部，为黄色盖子，机油尺位于发动机中间的黄色手环标尺，如图 3-7 所示；放油螺塞位于油底壳上，如图 3-8 所示；机油滤清器位于发动机侧面，如图 3-9 所示。

图 3-7 机油加注口盖、机油尺位置图

图 3-8 放油螺塞位置图

图 3-9 机油滤清器位置图

任务三　更换机油及机油滤清器

【任务实施】

一、工具设备准备

别克威朗实训车辆、世达 120 件套装工具、机油滤清器扳手套装、抹布、手套、车内三件套、发动机舱保护垫、车轮挡块、工具车、机油回收罐、新机油滤清器滤芯、新机油、分类垃圾桶等。

更换机油及机油滤清器

二、任务操作过程

1. 前期准备

1）安装车轮挡块。车轮挡块安装在非驱动轮，要贴紧车轮

2）安装垫块

3）安装车内三件套。车内三件套包括转向盘套、座椅套和地板垫

4）打开发动机舱盖
5）安装发动机舱保护垫。发动机舱保护垫包括左右翼子板布和前格栅布

2. 取下机油加注口盖

1）清洁机油加注口盖表面及周围。用毛巾清洁机油加注口盖表面，目的是防止在拆卸的过程中灰尘进入发动机气缸

2）旋松取下机油加注口盖。用手转动机油加注口盖并取下

（续）

3）用抹布盖住机油加注口。使用干净的抹布盖住机油加注口，防止灰尘进入气缸，同时注意透气	

3. 举升车辆到合适位置排放机油

 1）举升车辆。举升车辆至合适位置并锁止	 2）用扳手预松放油螺塞
 3）安装机油回收罐。安装机油回收罐到合适位置，注意机油排放时的最远位置和下滴位置都能回收机油，不能洒落地上污染环境	 4）用手拆下放油螺塞。先用食指抵住放油螺塞，拇指和中指旋松放油螺塞，还有最后一丝时沿切线方向迅速拔下放油螺塞
	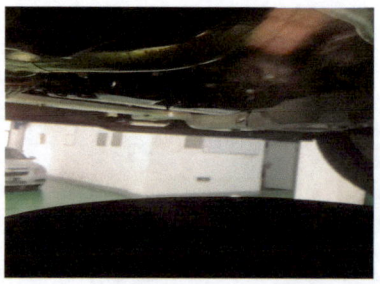
5）排放机油。旋下放油螺塞后，排放机油，排放到机油没有成线性流下即可	

（续）

4. 更换机油滤清器、机油放油螺塞

1）选用合适的机油滤清器扳手预松机油滤清器

2）排放机油滤清器中的机油。用手旋松机油滤清器后，排放机油滤清器中的机油至回收罐中

3）拆下机油滤清器。用抹布包裹着机油滤清器，并用手迅速拆下

4）润滑新的机油滤清器。用新机油润滑机油滤清器的密封圈，并在新机油滤清器中倒入一定量的新机油，以保证新机油能及时润滑发动机

5）安装新的机油滤清器。用手旋紧新的机油滤清器，再用机油滤清器扳手紧固3/4～1圈

6）安装新的放油螺塞。检查新的放油螺塞垫片是否完好，用手旋紧，再用扭力扳手紧固至25N·m

5. 加注新的机油

1）移走机油回收罐并降下举升机
① 将机油回收罐推至指定位置
② 降下举升机至地面

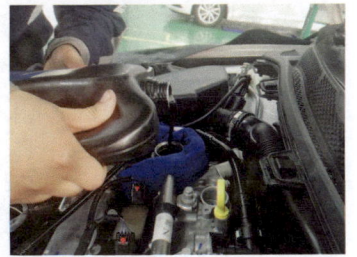

2）加注新的机油
① 取下抹布并铺好，防止机油洒落到外面
② 加注新机油时应侧倒机油，防止冲击洒落出来；加注机油至4.2L；盖好机油加注口盖

(续)

6. 检查机油液位	

1）冷车时拔出机油尺检查机油液位。若机油液位低于最低点应继续加注	2）热车过后熄火检查机油液位。若机油液位低于最低点应继续加注。起动车辆后，应立即下车检查机油放油螺栓，机油滤清器是否泄漏，若泄漏应找出故障原因并排除
7. 车辆恢复及5S	
1）降下车辆、举升机、垫块归位 2）车外翼子板布、前格栅布拆除并叠好归位 3）车内三件套环保处理 4）抹布、手套回收或者环保处理 5）关闭发动机舱盖，升起车窗玻璃，拔下车辆钥匙，关门，锁门，收车轮挡块并归位 6）扭力扳手归零，工具清洁归位 7）车辆、地面清洁	

【总结及拓展训练】

通过本任务的学习，同学们掌握了机油及机油滤清器的更换方法，机油及机油滤清器的更换是汽车每次维护必做项目，同时请同学们注意，更换下来的机油要做环保处理，不可随意抛洒。本任务与汽车专业领域职业技能等级证书标准中的1-1汽车动力与驱动系统综合分析技术（初级）——润滑及冷却系统部件检查保养职业技能要求相对应，同学们要勤加练习，为以后考取相应等级的职业技能等级证书打下基础。现在有一辆雪佛兰科鲁兹汽车需要更换机油及机油滤清器，如图3-10所示，雪佛兰科鲁兹汽车机油滤清器为上置式，请同学们根据已学知识并结合该车辆具体情况，更换机油及机油滤清器。

图3-10 科鲁兹汽车机油滤清器

任务三　更换机油及机油滤清器

【考核评价】

更换机油及机油滤清器任务评价表

序号	操作步骤	操作要点及规范	配　分	得　分
1	工具设备准备		5分	
2	前期准备		10分	
3	取下机油加注口盖		5分	
4	举升车辆到合适位置排放机油		20分	
5	更换机油滤清器、放油螺塞		20分	
6	加注新的机油		20分	
7	检查机油液位		10分	
8	车辆恢复及5S		10分	
得　分				

练一练

一、填空题

1. 汽车前部照明前照灯由_____、_____和_____等组成。
2. 空气滤芯分为_____、_____。
3. 空气滤清器位于_____前端，在进气管上安装，后面依次为_____、_____和_____等。
4. 机油的作用有_____、_____、_____、_____、_____和_____。
5. 机油标牌"5W-40"中"W"表示_____，"40"表示_____。

二、选择题

1. 汽车常规检查一般每隔（　　）km检查最为准确。
   A. 1000　　　　B. 5000　　　　C. 10000　　　　D. 20000
2. 汽车仪表上各种灯的作用是（　　）。
   A. 美观　　　B. 提示故障　　　C. 指示开关　　　D. 提示故障及指示开关
3. 别克威朗汽车仪表上没有（　　）。
   A. 转速表　　　B. 车速表　　　C. 机油压力表　　　D. 燃油表
4. 发动机空气滤清器变脏会造成（　　）。
   A. 发动机火花塞不能点火　　　B. 燃油泵不工作
   C. 发动机不能起动　　　D. 怠速不稳
5. 在机油排放操作中，以下不对的是（　　）。
   A. 发动机提前预热　　　B. 发动机在发动时排放
   C. 换机油不用换机油滤清器　　　D. 以上都是

67

汽车维护

三、问答题

1. 汽车仪表上有哪些仪表和灯？

2. 汽车常规检查中发动机舱内检查包括哪些内容？

3. 为什么要进行随车工具检查？

4. 简述空气滤清器的作用。

5. 简述机油的作用。

6. 简述机油为什么要定期更换的原因。

7. 简述机油滤清器的作用。

项目四 / Project 4

10000km 维护

【项目描述】

10000km 维护是汽车维护中非常重要的一个项目，本项目包括清洗节气门体、更换空调滤芯、使用汽车诊断仪以及车轮换位。通过本项目的学习，学生可以掌握 10000km 维护所需的技能。

任务一
清洗节气门体

【任务目标】
1. 了解节气门体的作用和结构。
2. 熟练掌握节气门体的清洁。

【任务描述】
客户王先生的别克威朗汽车已经行驶了10000km，王先生开车来到别克4S店，在服务顾问的询问与检查后将车辆交给维修技师，维修技师根据维护手册的要求对此车进行10000km维护，其中维护手册要求进行节气门体的清洁。下面将学习节气门体的相关知识并按流程清洗节气门体。

【知识储备】

一、节气门体的作用

节气门体主要控制发动机的进气量，检测节气门的位置，并将信号传输给发动机控制单元，为实现怠速控制、喷油控制和点火控制提供基本参数。

二、节气门体的结构

节气门体主要由节气门和怠速控制装置组成，如图4-1所示。

三、节气门体清洁的重要性

发动机工作较长时间后，会在节气门附近形成油垢，可能造成节气门卡滞或怠速不稳，所以节气门体必须要检查并定期清洁维护。

图4-1 节气门体

任务一 清洗节气门体

【任务实施】

一、工具设备准备

别克威朗实训车辆、世达120件套装工具、十字螺钉旋具、一字螺钉旋具、化油器清洗剂、抹布、手套、车内三件套、发动机舱保护垫、车轮挡块、工具车、废气抽排装置、分类垃圾桶等。

清洗节气门体

二、任务操作过程

1. 前期准备

1）安装车轮挡块。车轮挡块安装在非驱动轮，要贴紧车轮

2）安装排烟套

3）安装车内三件套。车内三件套包括转向盘套、座椅套和地板垫

4）打开发动机舱盖
5）安装发动机舱保护垫。发动机舱保护垫包括左右翼子板布和前格栅布

2. 拆卸空气滤清器壳体及进气总管

1）旋松进气管卡箍，取下空气滤清器壳体。使用一字螺钉旋具或者7号套筒旋松卡箍螺栓，只要用手可以转动卡箍就可以

2）断开蓄电池负极电缆，拔下进气多功能传感器

（续）

3）拆卸三段曲轴箱通风管

4）旋松进气总管与节气门体的卡箍，取下进气总管

3. 拆卸节气门体

 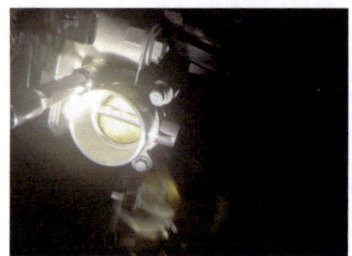

1）拆卸节气门体电气插接器。拔下节气门体插接器熔丝，按压卡扣取下电气插接器

2）拆卸节气门体固定螺杆。用10号套筒扳手按对角线分2~3次拆下4颗节气门体固定螺杆，取下节气门体

4. 清洗节气门体

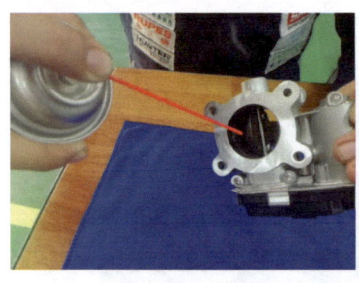 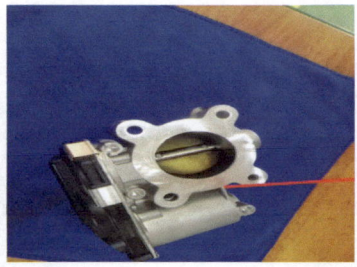 

1）将节气门体放在工作台上，准备好化油器清洗剂，将节气门全开，从节气门体的后面喷入，清洗节气门，将其内部的油垢清洁，擦拭干净；清洗节气门体结合面，最后用压缩空气吹干

2）注意避免在发动机上清洗节气门体，不要用抹布擦干

（续）

5. 安装节气门体

1）紧固节气门体固定螺栓。按对角线分2~3次紧固节气门体固定螺栓，最后紧固到规定力矩

2）安装节气门体电气连接线，并锁止熔丝

3）安装进气总管。复装进气总管，并紧固

4）安装空气滤清器壳体。复装空气滤清器，连接空气滤清器和进气总管，并紧固

6. 复装节气门体与发动机 ECU 匹配

7. 车辆恢复及5S

1）车外翼子板布、前格栅布拆除并叠好归位
2）车内三件套环保处理
3）抹布、手套回收处理
4）关闭发动机舱盖，升起车窗玻璃，拔下车辆钥匙，关门，锁门，收车轮挡块并归位
5）扭力扳手归零，工具清洁归位
6）车辆、地面清洁

【总结及拓展训练】

通过本任务的学习，同学们了解了节气门体的作用和结构，掌握了节气门体拆装和清洁的方法。本任务与汽车专业领域职业技能等级证书标准中的1-1汽车动力与驱动系统综合分析技术（中级）——点火进气系统部件检修职业技能要求相对应，同学们要勤加练习，为以后考取相应等级的职业技能等级证书打下基础。现在有一辆宝来汽车的节气门体需要清洁，在操作过程中需拆装车辆的冷却管路，请同学们根据已学知识并结合该车辆具体情况清洗节气门体。

汽车维护

【考核评价】

清洗节气门体任务评价表

序号	操作步骤	操作要点及规范	配 分	得 分
1	工具设备准备		5分	
2	前期准备		5分	
3	拆卸空气滤清器壳体及进气总管		10分	
4	拆卸节气门体		20分	
5	清洗节气门体		20分	
6	安装节气门体		20分	
7	复装节气门体与发动机ECU匹配		10分	
8	车辆恢复及5S		10分	
得　分				

任务二
更换空调滤芯

🔧【任务目标】
1. 了解空调滤芯的作用。
2. 熟练掌握空调滤芯的更换。

🚗【任务描述】
客户王先生的别克威朗汽车已经行驶了 10000km，王先生开车来到别克 4S 店，在服务顾问的询问与检查后将车辆交给维修技师，维修技师根据维护手册的要求对此车进行 10000km 维护，其中维护手册要求进行空调滤芯的更换。下面将学习空调滤芯的相关知识并按流程更换空调滤芯。

【知识储备】

一、空调滤芯的作用

1) 能使空调滤芯贴紧壳体，确保未经过滤的空气不会进入车厢。
2) 能过滤空气中的灰尘、花粉和研磨颗粒等固体杂质。
3) 能吸附空气中的水分、煤烟、臭氧、异味、碳氢化合物和二氧化硫等。
4) 能给驾乘室提供新鲜空气，避免驾乘人员吸入有害气体，保障行车安全。

二、空调滤芯的分类

1. 普通滤纸型空调滤芯

普通滤纸型空调滤芯，主要指过滤层为普通滤纸或无纺布材质的滤芯。通过将白长丝无纺布折叠，形成一定厚度的褶皱，从而实现对空气的过滤。由于不含有其他吸附或过滤材料，只是利用无纺布对空气进行单纯的过滤，所以这种滤芯并不能对甲醛或 PM2.5 颗粒有很好的过滤效果。大部分车型在出厂时配备的空调滤芯多为此种类型，如图 4-2a 所示。

> **小知识**
> 优点：风阻小、空调风量大、价格低廉，不易滋生细菌和产生异味。
> 缺点：不能抵御细小灰尘、病菌、PM2.5 颗粒物和有害气体。
> 过滤效果：较差。

2. 活性炭滤芯

一般来说，活性炭滤芯是在纤维过滤层的基础上，增加活性炭层，将单效过滤升级为双效过滤。纤维过滤层过滤空气中的烟尘和花粉等杂质，活性炭层能吸附甲醛等有害气体，从而实现双效过滤。另外，由于活性炭的吸附特性，它还具有去除异味的作用，如图 4-2b 所示。

a)　　　　　　　　　　　　　　　　　b)

图 4-2　空调滤芯

a）普通滤纸型空调滤芯　b）活性炭滤芯

> **小知识**
>
> 优点：双重过滤，防潮，除异味。
> 缺点：风量相对较小，不能过滤 PM2.5 细颗粒物。
> 过滤效果：一般。

3. HEPA 空调滤芯

HEPA 是 High Efficiency Particulate Air filter 的缩写，意为"高效粒子空气滤清器"。HEPA 的标准是，对直径为 0.3μm 微粒（PM0.3）过滤效率为 99.97%。

由此可见，HEPA 滤芯对颗粒物的过滤能力非常强大，在过滤 PM2.5 方面是目前所有滤芯材料中最好的。但是单一的 HEPA 滤芯只能起到单效过滤的作用，对于甲醛等有害气体的过滤效果较差。HEPA 有完整的空调滤芯产品，也有在原车空调滤芯上加装的 HEPA 过滤膜。

【任务实施】

一、工具设备准备

别克威朗实训车辆、世达 120 件套装工具、吸尘器、抹布、手套、车内三件套、发动机舱保护垫、工具车、新空调滤芯、分类垃圾桶等。

更换空调滤芯

二、任务操作过程

1. 前期准备

1）安装车内三件套。车内三件套包括转向盘套、座椅套和地板垫

2）打开储物箱盖

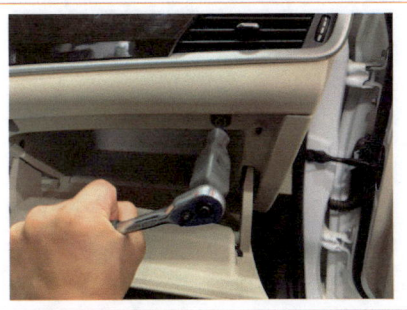

3）松开储物箱固定螺钉

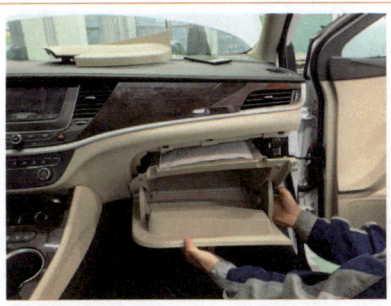

4）将储物箱拆除

2. 拆卸空调滤芯并清洁空调滤芯盒内部

1）松开并拆下空调滤芯盒盖

2）取出旧的空调滤芯

3）用抹布清洁空调滤芯盒内部

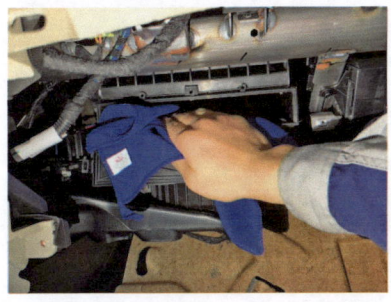

（续）

3. 安装空调滤芯及储物箱

1）安装新空调滤芯。注意空调滤芯上的箭头方向

2）安装空调滤芯盒盖

3）安装储物箱

4）紧固储物箱固定螺钉

5）关闭储物箱盖

4. 车辆恢复及5S

1）车外翼子板布、前格栅布拆除并叠好归位
2）车内三件套环保处理
3）抹布、手套回收处理
4）拔下车辆钥匙，关门，锁门
5）旧空调滤芯环保处理
6）工具清洁归位
7）车辆、地面清洁

任务二　更换空调滤芯

【总结及拓展训练】

通过本任务的学习，同学们了解了空调滤芯的类型及作用，掌握了空调滤芯的更换方法。本任务与汽车专业领域职业技能等级证书标准中的1-3汽车电子电气与空调舒适系统技术（初级）——过滤通风系统检查职业技能要求相对应，同学们要勤加练习，为以后考取相应等级的职业技能等级证书打下基础。现在有一辆雪佛兰科鲁兹汽车需要更换空调滤芯，如图4-3所示，请同学们根据已学知识并结合该车辆具体情况，更换空调滤芯。

图4-3　雪佛兰科鲁兹汽车

【考核评价】

更换空调滤芯任务评价表

序号	操作步骤	操作要点及规范	配　分	得　分
1	工具设备准备		5分	
2	前期准备		10分	
3	拆卸储物箱		30分	
4	拆卸空调滤芯		5分	
5	清洁空调滤芯盒内部		10分	
6	安装新空调滤芯		10分	
7	安装储物箱		20分	
8	车辆恢复及5S		10分	
得　分				

任务三
使用汽车诊断仪

🔧【任务目标】

1. 了解汽车诊断仪的作用。
2. 了解汽车诊断仪的分类。
3. 熟练掌握汽车诊断仪的使用。

🚗【任务描述】

客户王先生的别克威朗汽车已经行驶了 10000km,突然在仪表上出现"请速更换机油"的字样,如图 4-4 所示。王先生将车开往别克 4S 店,维修技师检查完成后使用汽车诊断仪解决了问题,以下将学习使用汽车诊断仪。

图 4-4 警告提示

【知识储备】

一、汽车诊断仪的作用

汽车诊断仪又称为汽车解码器,是一种有效检测和诊断汽车故障的仪器设备,一般有以下三个功能：

1. 数据流显示功能

汽车诊断仪能够将汽车各个系统在运行过程中存储于 ECU 的工作状况信息、各种输出信号的瞬时数值以串行的方式经过故障诊断座传送到诊断仪中，并且能够将其显示到终端屏幕中，维修人员可以及时掌握整车控制系统的工作状况。

2. 读取故障码功能

通过数据线将汽车诊断仪连接到汽车 ECU 上之后，汽车诊断仪可以将检测到的故障原因以故障码的形式清晰显示出来，维修人员只要了解故障码的相关含义就能准确地找到故障所在位置及原因，而不用再通过故障指示灯的闪烁次数这样烦琐的方式来获取故障码信息，不仅减轻了诊断压力，也能让汽车故障诊断更准确。

3. 强制执行元件诊断功能

汽车的构造十分精密，每一个执行元件出现异常都有可能导致汽车故障。汽车诊断仪能够在发动机运转过程中或者熄火状态下，向汽车的各个执行元件发出强制驱动或者强制停止的指令，从而可以让维修人员方便地查询到出现故障的执行元件或控制电路在什么位置。

二、汽车诊断仪的分类

1. 通用汽车诊断仪

通用汽车诊断仪可以检测的车型很多，一般可分为中国车型、美国车型、日本车型、法国车型和德国车型等。通用汽车诊断仪适用于车型比较多，如博世诊断仪、元征诊断仪和道通诊断仪等，如图 4-5 所示。

2. 专用汽车诊断仪

专用汽车诊断仪可以检测单一汽车公司旗下的品牌，如丰田 IT2、大众 VGA5052、本田 HDS 和通用 GDS 等，如图 4-6 所示。

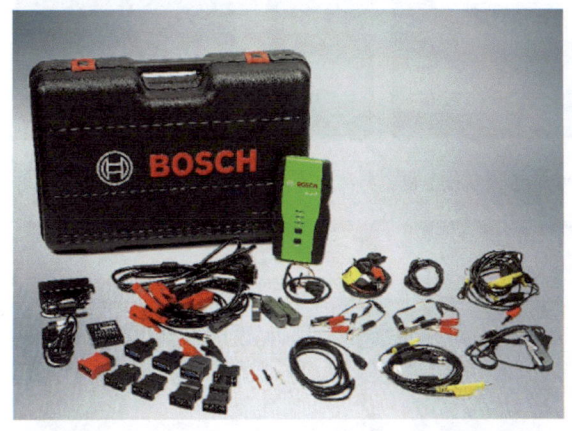

图 4-5　通用汽车诊断仪

图 4-6　专用汽车诊断仪

汽车维护

【任务实施】

一、工具设备准备

别克威朗实训车辆、博世 KT720 诊断仪、抹布、手套、车内三件套、发动机舱保护垫、车轮挡块、工具车、废气抽排装置、分类垃圾桶等。

使用汽车诊断仪

二、任务操作过程

1. 前期准备

1）安装车轮挡块。车轮挡块安装在非驱动轮，要贴紧车轮

2）安装排烟套

3）安装车内三件套。车内三件套包括转向盘套、座椅套和地板垫

2. 使用诊断仪

1）连接诊断仪。选择 OBDⅡ 的诊断插头连接数据线，一端连接诊断仪主机，另一端连接车辆

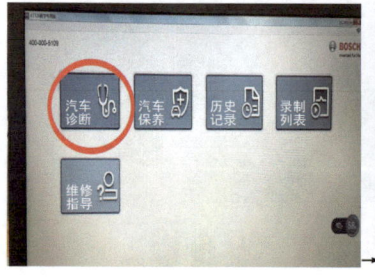

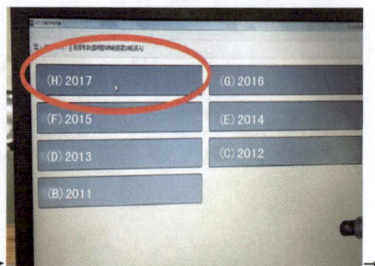

任务三　使用汽车诊断仪

（续）

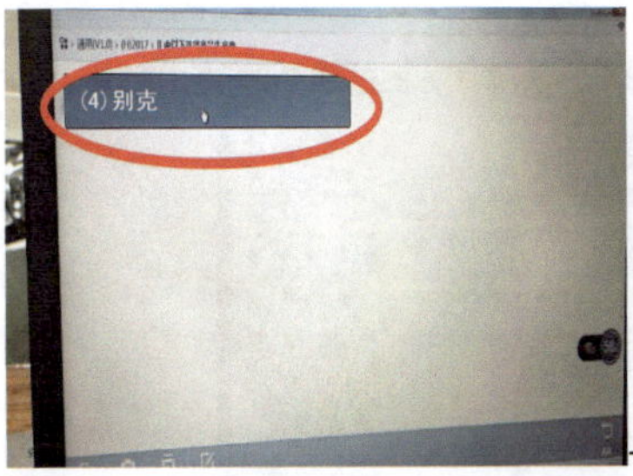

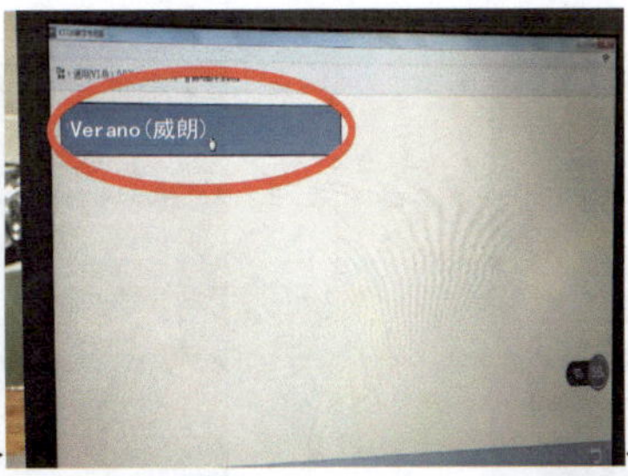

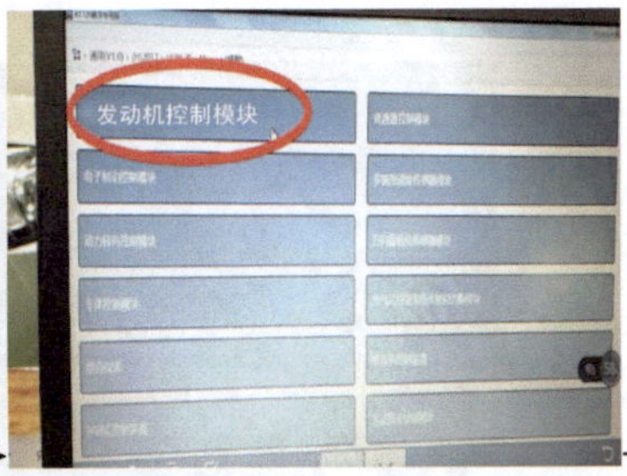

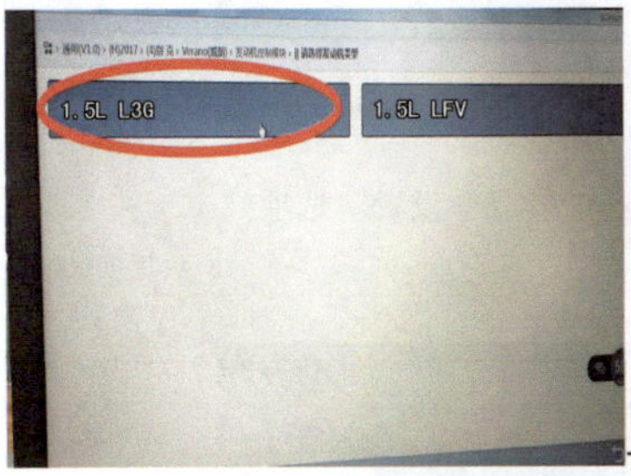

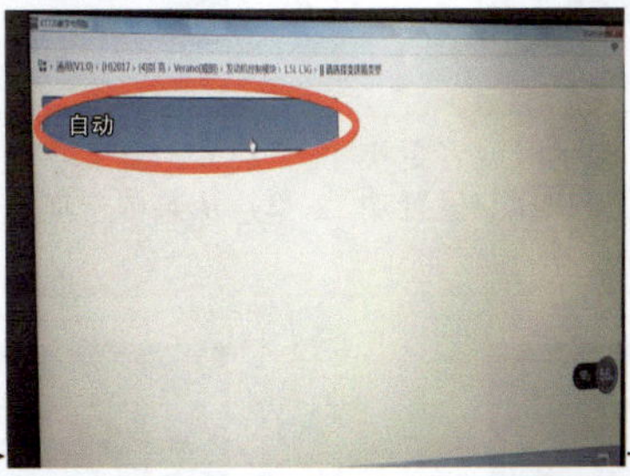

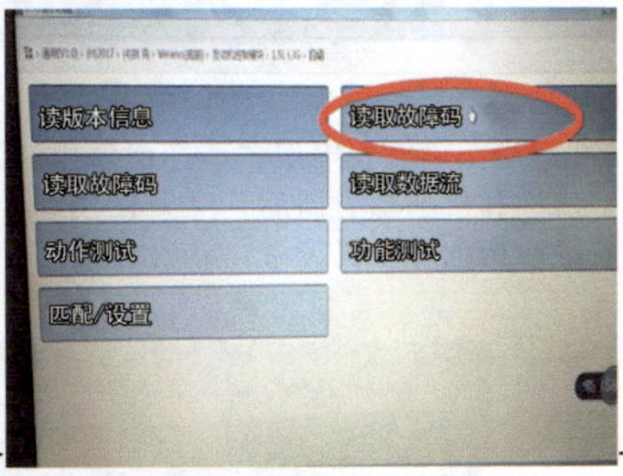

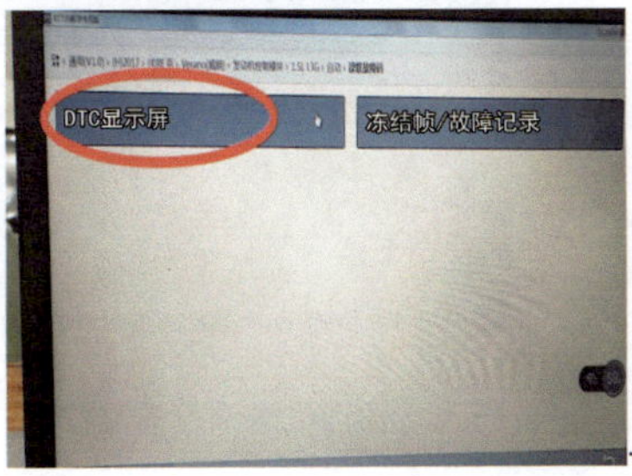

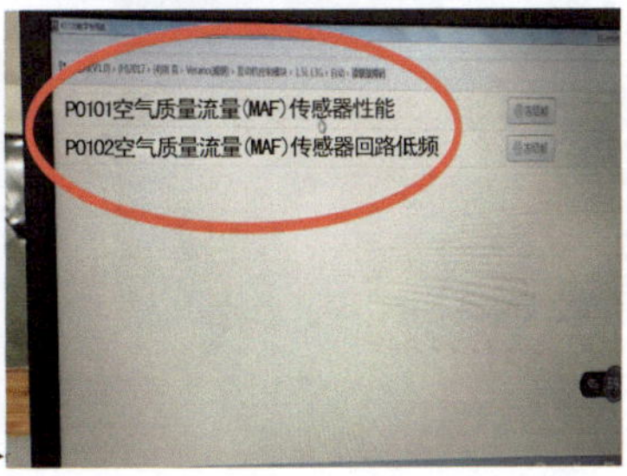

2）读取并清除故障码

① 步骤：选择汽车诊断→上汽通用GM→2017→别克→威朗→发动机控制模块→1.5L L3G→自动→读取故障码→DTC显示屏

② 维修人员根据故障码的提示进行维修，维修人员维修之后清除故障码

3）读取数据流。步骤：读取数据流→发动机数据→读取需要的数据流（也可以全选所有数据）

（续）

3. 机油寿命复位

1）当车辆仪表出现"请速更换机油"提示时或者更换了机油和机油滤清器后，立刻使用诊断仪的匹配/设置功能进行机油寿命复位

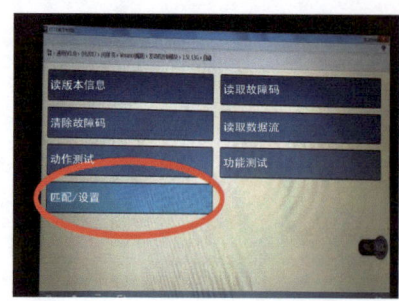

2）从菜单选项里进入"匹配/设置"选项

3）进入"复位功能"选项

4）进入"发动机机油寿命复位"

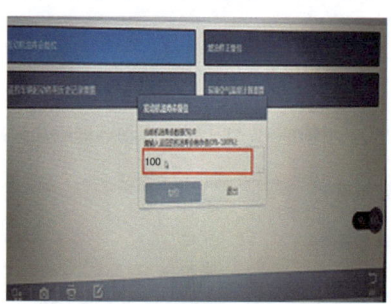

5）进入机油寿命复位菜单后会显示当前机油剩余寿命。在红色方框内输入"100"，复位之后机油剩余寿命就变为100

6）观察仪表上的"请速更换机油"是否消失

4. 车辆恢复及5S

1）车外翼子板布、前格栅布拆除并叠好归位
2）车内三件套环保处理
3）抹布、手套回收处理
4）关闭发动机舱盖，升起车窗玻璃，拔下车辆钥匙，关门，锁门，收车轮挡块并归位
5）工具清洁归位
6）车辆、地面清洁

任务三 使用汽车诊断仪

【总结及拓展训练】

通过本任务的学习,同学们了解了汽车诊断仪的作用和分类,掌握了汽车诊断仪的使用方法。本任务与汽车专业领域职业技能等级证书标准中的 1-1 汽车动力与驱动系统综合分析技术(初级)——燃油排气部件检查保养职业技能要求相对应,同学们要勤加练习,为以后考取相应等级的职业技能等级证书打下基础。请同学们根据已学知识,练习读取别克威朗实训车辆运行过程中,点火系统数据流并绘制波形图。

【考核评价】

使用汽车诊断仪任务评价表

序号	操作步骤	操作要点及规范	配 分	得 分
1	工具设备准备		5 分	
2	前期准备		10 分	
3	连接诊断仪		10 分	
4	读取故障码	记录故障码:_____	5 分	
5	读取数据流	环境温度:_____ 冷却液温度:_____ 发动机转速:_____ 负荷:_____ 大气压力:_____ 进气量:_____ 油箱剩余量:_____	30 分	
6	匹配/设置 机油寿命复位		10 分	
7	仪器关机复位		20 分	
8	车辆恢复及 5S		10 分	
得 分				

任务四 车轮换位

【任务目标】
1. 了解车轮换位的作用。
2. 熟练掌握车轮换位的方法。

【任务描述】
客户王先生的别克威朗汽车已经行驶了10000km,王先生进入别克4S店,在服务顾问的询问与检查后将车辆交给维修技师,维修技师根据工单要求对此车进行10000km维护,其中维护手册要求进行车轮换位。下面将学习车轮换位的相关知识并按流程进行车轮换位。

【知识储备】

一、车轮换位的作用

车轮换位的作用是让前后轮胎的磨损相对均匀,原则是让每一个轮胎在前后左右四个部位都使用一段时间,但是车轮换位并不适合所有车型。

二、车轮换位的原则

根据汽车重心和驱动轮车轮换位顺序的不同,车轮换位的原则就是两前轮放到后面,后轮交叉放在前轮,如图4-7所示。

1) 后轮或四轮驱动车辆,将左前车轮调至右后、右前车轮调至左后、左后车轮调至右前、右后车轮调至左前。

2) 前轮驱动车辆,将左后车轮调至右前、右后车轮调至左前、左前车轮调至左后、右前车轮调至右后。

3) 带有备胎的汽车可以进行循环换位,备胎建议放后轮。

4) 单向轮胎只能前后轮对换,不能左右对换。

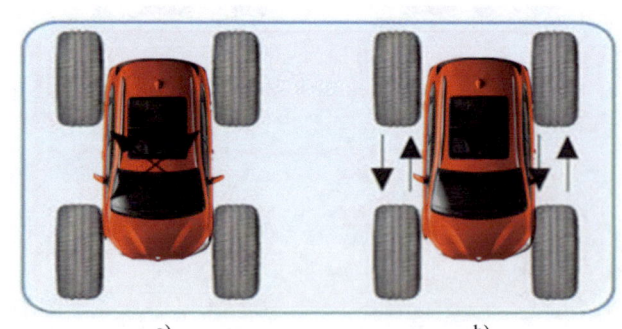

图4-7 车轮换位
a) 四轮交叉换位 b) 四轮前后换位

任务四 车轮换位

【任务实施】

一、工具设备准备

别克威朗实训车辆、世达 120 件套装工具、机械扳手、扭力扳手、抹布、手套、工具车、分类垃圾桶、举升机垫块、轴承油脂等。

车轮换位

二、任务操作过程

1. 前期准备

1）安装举升机垫块

2）举升车辆至车轮即将离地

3）利用机械扳手与套筒将车轮螺母预松

4）预松车轮时注意按五角星方向逐一预松

5）举升车辆至合适位置

（续）

2. 拆卸车轮	
 1）按五角星方向拆下车轮螺母	 2）将车轮总成从车辆拆下。由于车轮和轮毂/轴之间所用材料不同或者安装太紧，车轮可能难以拆下，可以通过用橡胶锤轻轻地敲打轮胎侧面来拆下
 3）清除车轮上的所有锈蚀或异物	 4）清除轮毂安装面上的所有锈蚀或异物 注意：安装车轮之前，去除车轮支座面、制动鼓或制动盘支座面上的锈蚀；安装车轮时若安装面金属之间接触不紧密，则会造成车轮螺母松动，这将导致车辆行驶时车轮脱落，造成车辆失控，并可能造成人身伤害
 5）清洁车轮双头螺柱和车轮螺母上的螺纹 注意：不要润滑车轮螺母、双头螺柱和支座面，或者向其抹油。车轮螺母、双头螺柱和安装面必须清洁干燥。紧固润滑过的零部件会损害车轮双头螺柱，这将导致车辆行驶时车轮脱落，造成车辆失控，并可能造成人身伤害	 6）用轴承油脂轻轻涂抹在轮辋的内侧上

	(续)
3. 车轮换位与安装	
 1）将左前轮与右后轮互换位置，右前轮与左后轮互换位置	 2）按五角星方向均匀地交替紧固车轮螺母 注意：均匀地交替紧固车轮螺母的目的是防止跳动量过大
 3）降下车辆至刚接触地面	 4）按五角星方向顺序将车轮螺母紧固至140N·m
 5）降下车辆至完全落地	 6）查看驾驶人侧车门上的轮胎气压标准值，调整前后车轮轮胎气压
4. 车辆恢复及5S	
1）抹布、手套回收处理 2）收举升机垫块并归位 3）扭力扳手归零、工具清洁归位 4）车辆、地面清洁	

【总结及拓展训练】

通过本任务的学习，同学们了解了车轮换位的作用，掌握了车轮换位方法。本任务与汽车专业领域职业技能等级证书标准中的1-2汽车转向悬架与制动安全系统技术（初级）——汽车车轮检查保养职业技能要求相对应，同学们要勤加练习，为以后考取相应等级的职业技能等级证书打下基础。现在有一辆雪佛兰科鲁兹汽车需要进行车轮换位，如图4-8所示，请同学们根据已学知识并结合该车辆具体情况，进行车轮换位。

图4-8 雪佛兰科鲁兹汽车

【考核评价】

车轮换位任务评价表

序号	操作步骤	操作要点及规范	配 分	得 分
1	工具设备准备		5分	
2	前期准备		10分	
3	预松车轮螺母		10分	
4	清洁车轮与轮毂安装面		15分	
5	清洁双头螺柱和车轮螺母		15分	
6	润滑轮辋内侧		15分	
7	车轮换位		10分	
8	车轮安装		15分	
9	车辆恢复及5S		5分	
得 分				

练一练

一、填空题

1. 节气门体主要控制_____，_____，并将_____，为实现怠速控制、喷油控制和点火控制提供基本参数。

2. 空调滤芯分为_____、_____和_____。

3. 汽车诊断仪有_____和_____两种。

任务四 车轮换位

二、问答题

1. 为什么要对节气门体进行清洁？

2. 简述拆装节气门体的注意事项。

3. 简述空调滤芯的作用。

4. 为什么要定期更换空调滤芯？

5. 简述汽车诊断仪的作用。

6. 车轮换位的意义是什么？

7. 车轮换位的原则是什么？

项目五 / Project 5

40000km维护

【项目描述】

40000km维护是汽车维护中非常重要的一个项目，本项目包括更换火花塞、更换冷却液、更换制动片、更换制动液、更换燃油滤清器、清洗和检测喷油器以及汽车空调系统维护。通过本项目的学习，学生可以掌握40000km维护所需的技能。

任务一 更换火花塞

🔧【任务目标】

1. 了解火花塞的结构。
2. 熟练掌握火花塞的更换。

🚗【任务描述】

客户王先生的别克威朗汽车已经行驶了 40000km，王先生开车来到别克 4S 店，在服务顾问的询问与检查后将车辆交给维修技师，维修技师根据维护手册的要求对此车进行 40000km 维护，其中维护手册要求进行火花塞的更换。下面将学习火花塞的相关知识并按流程更换火花塞。

【知识储备】

一、火花塞的结构

火花塞的结构如图 5-1 所示，弯曲的侧电极焊接在钢制壳体的底端，使其直接搭铁；绝缘体由高氧化铅陶瓷制成；中心电极装置在绝缘体的中心孔内，通过接线端与高压线连接。

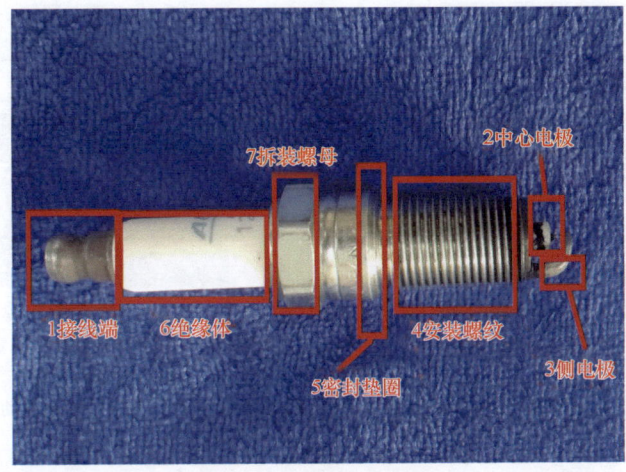

图 5-1　火花塞的结构

二、火花塞的作用

将点火线圈或磁电机产生的脉冲高电压引入燃烧室，并在两个电极之间产生电火花，来点燃气缸内的高压可燃混合气，使发动机正常工作。

【任务实施】

一、工具设备准备

别克威朗实训车辆、世达 120 件套装工具、塞尺、抹布、手套、车内三件套、发动机舱保护垫、车轮挡块、工具车、废气抽排装置、新火花塞、分类垃圾桶等。

更换火花塞

二、任务操作过程

1. 前期准备

1）安装车轮挡块。车轮挡块安装在非驱动轮，要贴紧车轮

2）安装排烟套

3）安装车内三件套。车内三件套包括转向盘套、座椅套和地板垫

4）打开发动机舱盖
5）安装发动机舱保护垫。发动机舱保护垫包括左右翼子板布和前格栅布

（续）

2. 拆卸火花塞

1）断开蓄电池负极电缆，断开点火线圈的电气连接线。先打开红色熔丝，按压卡扣，拔出电气连接线

2）拆卸点火线圈的固定螺栓，取出点火线圈。用10号的套筒扳手拆卸固定螺栓，再拔出点火线圈

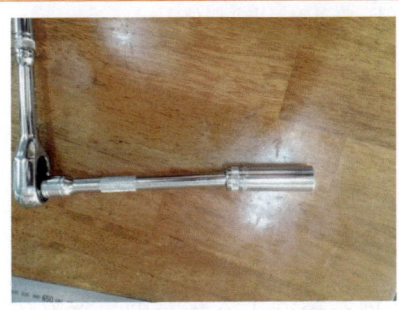
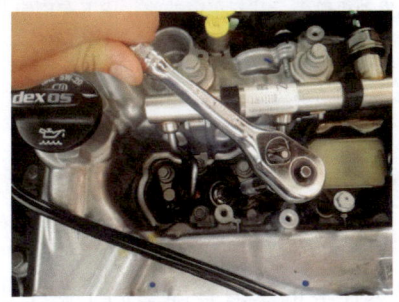

3）用专用工具拆下火花塞，并用干净的抹布盖住火花塞孔。14号长套筒加装加长杆拆卸。
注意：在拆卸火花塞时应小心，避免损坏缸盖上的连接螺纹

3. 检查并更换新的火花塞

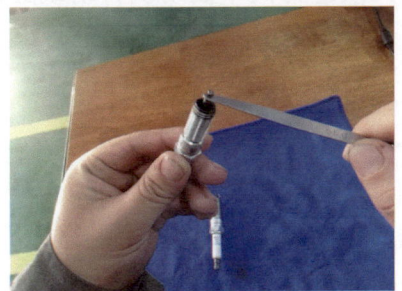
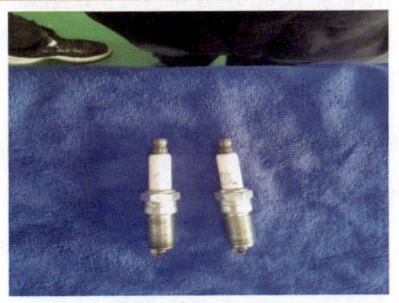

1）检查火花塞电极是否有烧蚀、积炭和油污
　① 检查火花塞绝缘体是否损坏
　② 检查连接螺纹是否有损坏
　③ 塞尺测量火花塞间隙，标准值为 0.6～1.3mm

2）更换同型号的火花塞

(续)

4. 装复火花塞

1）安装新的火花塞，并紧固至 17N·m

2）装复点火线圈及电气连接线

5. 起动发动机，确认发动机运转平稳

1）检查驻车制动、档位，起动车辆，检查发动机无抖动
2）踩下加速踏板并确认发动机运转平稳

6. 车辆恢复及 5S

1）车外翼子板布、前格栅布拆除并叠好归位
2）车内三件套环保处理
3）抹布、手套回收处理
4）关闭发动机舱盖，升起车窗玻璃，拔下车辆钥匙，关门，锁门，收车轮挡块并归位
5）旧火花塞环保处理
6）扭力扳手归零，工具清洁归位
7）车辆、地面清洁

【总结及拓展训练】

通过本任务的学习，同学们了解了火花塞的结构，掌握了火花塞的更换方法。本任务与汽车专业领域职业技能等级证书标准中的 1-1 汽车动力与驱动系统综合分析技术（初级）——空气点火部件检查保养职业技能要求相对应，同学们要勤加练习，为以后考取相应等级的职业技能等级证书打下基础。现在有一辆大众速腾汽车发动机抖动缺缸，经诊断，需要更换火花塞，请同学们根据已学知识并结合该车辆的具体情况，进行火花塞的更换。

【考核评价】

更换火花塞任务评价表

序号	操 作 步 骤	操作要点及规范	配　　分	得　　分
1	工具设备准备		5 分	
2	前期准备		5 分	

（续）

序号	操作步骤	操作要点及规范	配 分	得 分
3	拆卸电气连接线、点火线圈		20分	
4	更换火花塞		20分	
5	安装电气连接线、点火线圈		20分	
6	检查火花塞的工作情况		20分	
7	车辆恢复及5S		10分	
得 分				

任务二

更换冷却液

【任务目标】
1. 了解冷却液的作用。
2. 熟练掌握冷却液的更换方法。

【任务描述】
客户王先生的别克威朗汽车已经行驶了40000km，王先生开车来到别克4S店，在服务顾问的询问与检查后将车辆交给维修技师，维修技师根据维护手册的要求对此车进行40000km维护，其中维护手册要求进行冷却液的更换。下面将学习冷却液的相关知识并按流程更换冷却液。

【知识储备】

一、冷却液的作用

冷却系统是保障发动机正常运行的条件之一。冷却液具有保护发动机冷却系统免遭锈蚀和腐蚀，有效抑制水垢形成，防止散热器过热，为水泵节温器及其他部件提供润滑的作用。

二、冷却液的类型

冷却液根据成分的不同，主要有酒精型、甘油型和乙二醇型。由于乙二醇易溶于水，可以配置成不同冰点的冷却液，其特点是冰点低、沸点高，所以乙二醇型冷却液被广泛使用。

冷却液（图5-2）常见的颜色有红色、蓝色和绿色，这是由于冷却液本身是无色透明的，为了便于区分加入一些染色剂，颜色的不同和性能没有关系，只是需要注意不同颜色的冷却液不能混用。

图5-2　冷却液

任务二 更换冷却液

【任务实施】

一、工具设备准备

别克威朗实训车辆、世达 120 件套装工具、十字螺钉旋具、一字螺钉旋具、抹布、手套、车内三件套、发动机舱保护垫、车轮挡块、工具车、废气抽排装置、冷却液、分类垃圾桶等。

更换冷却液

二、任务操作过程

1. 前期准备

1）安装车内三件套。车内三件套包括转向盘套、座椅套和地板垫

2）打开发动机舱盖，安装发动机舱保护垫。发动机舱保护垫包括左右翼子板布和前格栅布

3）拧开冷却液储液罐盖

4）举升车辆

2. 排放冷却液

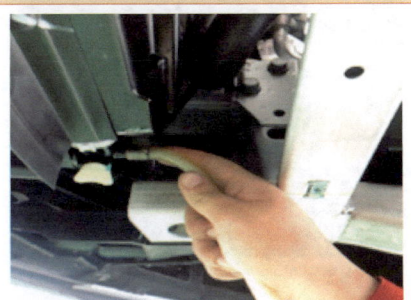

1）将排放软管安装到散热器喷嘴上

2）打开散热器上的排放螺塞排空冷却液

（续）

3. 加注冷却液	
 1）闭合散热器上的排放螺塞	 2）降下车辆
 3）从冷却液储液罐口加注新的冷却液。当冷却液流出到松开的通风螺钉上时，闭合通风螺钉	 4）拆下散热器上的通风螺钉并再次旋进一圈
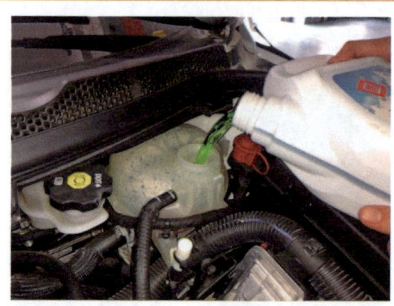 5）观察储液罐。当液位停止下降时，加注冷却液至管口下方的底线，加满冷却液直到储液罐上排气喷嘴的底线	 6）起动发动机。立即加满冷却液至管口下方的底线并拧紧盖
 7）踩下加速踏板。控制发动机转数在2500r以下预热发动机，直到散热器风扇设置开关接通	 8）关闭发动机并使发动机冷却

（续）

9）必要时，检查冷却液液位并校正

10）测试行驶后，使发动机冷却并再次检查液位

4. 车辆恢复及5S

1）车外翼子板布、前格栅布拆除并叠好归位
2）车内三件套环保处理
3）抹布、手套回收处理
4）关闭发动机舱盖，升起车窗玻璃，拔下车辆钥匙，关门，锁门，收车轮挡块、举升机垫块并归位
5）工具清洁归位
6）车辆、地面清洁

【总结及拓展训练】

通过本任务的学习，同学们了解了冷却液的作用，掌握了冷却液的更换方法。本任务与汽车专业领域职业技能等级证书标准中的1-1 汽车动力与驱动系统综合分析技术（初级）——冷却系统部件检查保养职业技能要求相对应，同学们要勤加练习，为以后考取相应等级的职业技能等级证书打下基础。现在有一辆大众桑塔纳汽车需要更换冷却液，经过观察，该车并没有散热器排放口，请同学们根据已学知识并结合该车辆具体情况，进行冷却液的更换。

【考核评价】

更换冷却液任务评价表

序号	操作步骤	操作要点及规范	配　分	得　分
1	工具设备准备		10分	
2	前期准备		10分	
3	排放冷却液		20分	
4	加注冷却液及排气		50分	
5	车辆恢复及5S		10分	
得　　分				

任务三 更换制动片

【任务目标】
1. 了解制动片的作用。
2. 熟练掌握制动片的更换。

【任务描述】
客户王先生的别克威朗汽车已经行驶了 40000km，王先生开车来到别克 4S 店，在服务顾问的询问与检查后将车辆交给维修技师，维修技师根据维护手册的要求对此车进行 40000km 维护，其中维护手册要求进行前轮制动片的更换。下面将学习制动片的相关知识并按流程更换制动片。

【知识储备】

一、制动片的作用

制动片也叫作刹车片，在汽车制动系统中，制动片是最关键的安全零部件，制动效果的好坏，制动片起着决定性的作用。制动片一般由金属衬垫、黏结隔热层和摩擦块构成，其中隔热层由不传热的材料组成，目的是隔热。摩擦块由摩擦材料和黏合剂组成，制动时被挤压在制动盘和制动鼓上产生摩擦，从而达到车辆减速制动的目的，如图 5-3 所示。

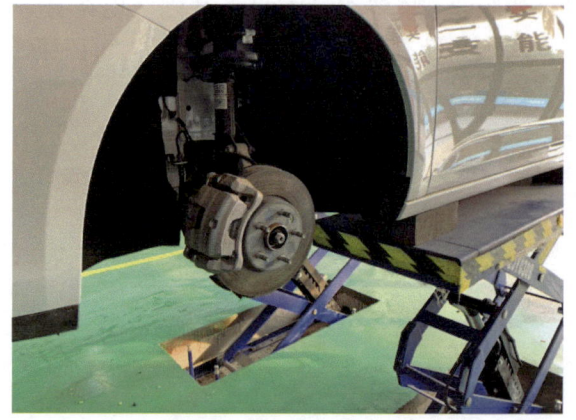

图 5-3 制动片的安装位置

二、制动片的分类

从应用上分类，制动片有用于盘式制动器的制动片，如图 5-4a 所示；有用于鼓式制动器的制动片，如图 5-4b 所示。

从摩擦材料组成分类，主要分为石棉制动片、半金属制动片、少金属制动片、NAO 配方制动片、陶瓷制动片和 NAO 陶瓷制动片等。

任务三　更换制动片

 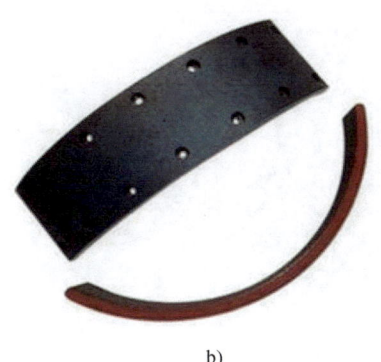

a)　　　　　　　　　　　　　　b)

图 5-4　制动片
a) 盘式制动片　b) 鼓式制动片

如果长时间不更换制动片，不仅制动盘可能会因直接接触金属衬垫而报废，还容易导致制动失效。如果不小心使用了劣质制动片，制动时噪声会很大，制动距离较长，制动盘磨损较快，粘接处还容易出现裂纹甚至断裂，从而导致制动失效，造成交通事故。

【任务实施】

一、工具设备准备

别克威朗实训车辆、世达 120 件套装工具、扭力扳手、抹布、手套、车内三件套、工具车、废气抽排装置、新的前轮制动片、分类垃圾桶、举升机垫块、游标卡尺、制动钳活塞复位工具、高温硅酮润滑剂等。

更换制动片

二、任务操作过程

1. 前期准备

1) 打开发动机舱盖

2) 检查制动主缸储液罐中的液位。如果制动液液位高于最满标记和最低允许液位之间的中间位置，则在开始前应将制动液排出至中间位置

103

（续）

3）安装举升机垫块

4）安装车内三件套

5）举升车辆至适当高度

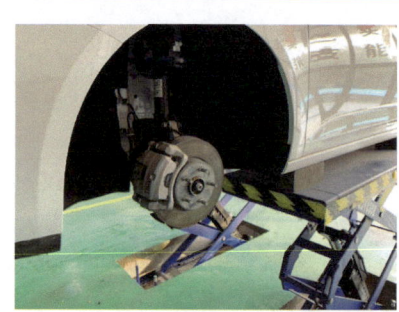

6）拆卸前轮轮胎

2. 拆卸制动片

1）拆卸前制动钳螺栓

2）向上转动制动钳，并用粗钢丝支撑

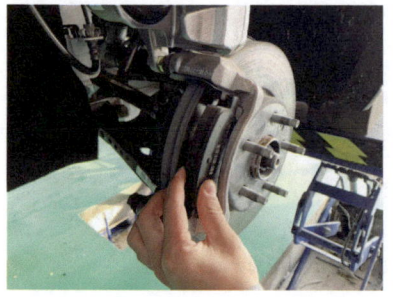

3）拆下盘式制动片。有制动感应线的要先将制动感应线拆下来

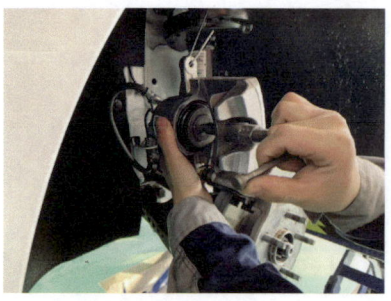

4）将盘式制动器制动钳活塞推至制动钳孔内。要使用专用制动钳活塞复位工具

任务三　更换制动片

（续）

5）移除制动片弹簧	

3. 检查与测量

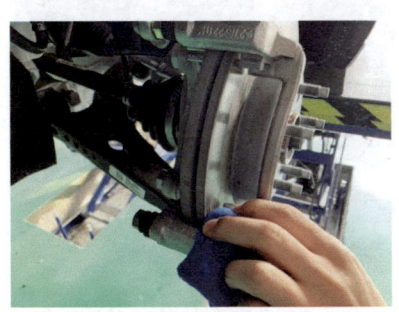　　1）彻底清除制动钳托架上的制动片构件结合面处的所有碎屑和腐蚀	　　2）检查前制动钳导销是否自由移动，并检查导销护套的状况。在支架孔内，里外移动导销，但不能使滑动脱离护套，并查看是否有以下状况： ① 制动钳导销移动受限 ② 制动钳安装托架松动 ③ 制动钳导销卡死或卡滞 ④ 护套开裂或破损 如果发现上述任何状况，则需要更换制动钳导销和护套
3）使用游标卡尺在多个点处测量制动片的厚度 4）将制动片厚度与盘式制动器部件规格比较。新的不带制动衬片的制动片厚度：11.4mm，不带制动衬片的制动片的报废厚度：2mm	

4. 安装新前轮制动片

（续）

1）确保制动片构件结合面清洁干净

2）安装制动片弹簧。在制动片固定件上涂上一薄层高温硅酮润滑剂

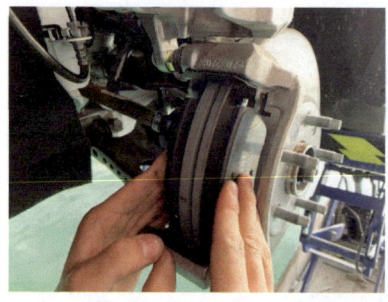

3）安装盘式制动片。装配磨损传感器的盘式制动片必须安装至制动盘内侧的上部位置

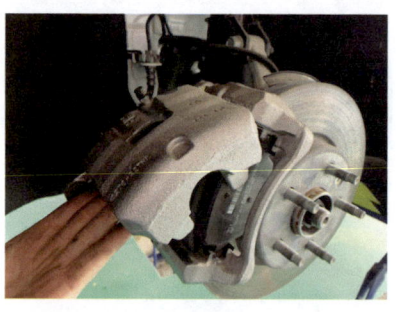

4）拆下支架并将制动钳转动到位。越过盘式制动片至制动钳安装托架

5）安装制动钳螺栓并紧固至36N·m

6）安装前轮轮胎

5. 更换后检查

（续）

1）降下车辆并安装排烟套	2）起动发动机。逐渐踩下制动踏板至其行程约2/3处，缓慢释放制动踏板，等待15s，然后再次逐渐踩下制动踏板至其行程约2/3处直到制动踏板坚实。这将使制动钳活塞和制动片正确就位
3）检查制动主缸储液罐中的液位，将制动主缸储液罐加注到最高液位	

6. 车辆恢复及 5S

1）车内三件套环保处理
2）抹布、手套回收处理
3）关闭发动机舱盖，拆除排烟套
4）拔下车辆钥匙，关门，锁门，收举升机垫块并归位
5）旧制动片环保处理
6）扭力扳手归零，工具清洁归位
7）车辆、地面清洁

【总结及拓展训练】

通过本任务的学习，同学们了解了制动片的作用和分类，掌握了制动片的更换方法。本任务与汽车专业领域职业技能等级证书标准中的1-2汽车转向悬架与制动安全系统技术（初级）——盘式制动器检查保养职业技能要求相对应，同学们要勤加练习，为以后考取相应等级的职业技能等级证书打下基础。现在有一辆别克威朗汽车需要更换后轮制动片，如图5-5所示，请同学们根据已学知识并结合该车辆具体情况，进行后轮制动片的更换。

图 5-5　别克威朗汽车后轮制动片

汽车维护

【考核评价】

更换制动片任务评价表

序号	操作步骤	操作要点及规范	配 分	得 分
1	工具设备准备		5 分	
2	前期准备		10 分	
3	拆卸前制动钳螺栓		10 分	
4	拆卸前轮制动片		10 分	
5	检查与测量		20 分	
6	安装新前轮制动片		10 分	
7	安装并紧固制动钳螺栓至规定力矩		10 分	
8	更换后检查		15 分	
9	车辆恢复及 5S		10 分	
得　分				

任务四
更换制动液

【任务目标】
1. 了解制动液的作用与类型。
2. 熟练掌握制动液的更换。

【任务描述】
客户王先生的别克威朗汽车已经行驶了40000km，王先生开车来到别克4S店，在服务顾问的询问与检查后将车辆交给维修技师，维修技师根据维护手册的要求对此车进行40000km维护，其中维护手册要求进行制动液的更换。下面将学习制动液的相关知识并按流程更换制动液。

【知识储备】

一、制动液的作用

制动液是液压制动系统中传递制动压力的液态介质，在采用液压制动系统的车辆中使用，它作为一个力传递的介质，是制动系统中不可缺少的部分。

汽车制动时，制动工作压力一般为2MPa，高的可达4~5MPa。因为液体有不可压缩的特性，在密封的容器中或充满液体的管路中，当液体受到压力时，便会很快地、均匀地把压力传导给液体的各个部分，汽车制动便是利用这个原理来进行工作的。

二、制动液的类型

（1）**蓖麻油-醇型**　蓖麻油-醇型由精制的蓖麻油45%~55%和低碳醇（乙醇或丁醇）55%~45%调配而成，经沉淀获得无色或浅黄色清澈透明的液体，即醇型汽车制动液。蓖麻油加乙醇为醇型1号，蓖麻油加丁醇为醇型3号。

> **小知识**
>
> 醇型制动液的优点是原料容易得到，合成工艺简单，产品润滑性好，缺点是沸点低，低温时性质不稳定。

（2）合成型 合成型用醚、醇、酯等掺入润滑、抗氧化、防锈、抗橡胶溶胀等添加剂制成。

（3）矿油型 矿油型用精制的轻柴油馏分加入稠化剂和其他添加剂制成。

三、制动液的性能要求

1）黏温性好，凝固点低，低温流动性好。
2）沸点高，高温下不产生气阻。
3）在使用过程中品质变化小，并不引起金属件和橡胶件的腐蚀和变质。

【任务实施】

一、工具设备准备

别克威朗实训车辆、世达120件套装工具、扭力扳手、抹布、手套、车内三件套、翼子板布、工具车、废气抽排装置、新制动液、举升机垫块、制动钳活塞复位工具、博世KT720诊断仪等。

更换制动液

二、任务操作过程

1. 前期准备

1）打开发动机舱盖

2）安装车内三件套与翼子板布

3）打开制动液储液罐盖

4）举升车辆至适当高度

（续）

2. 排放制动液

1）拔出制动分泵排气阀盖，拧松放气螺栓

2）反复地将制动踏板踩到底，直至制动液完全排出

3）打开制动分泵排气阀。反复地将制动踏板踩到底，直至制动液完全排出后关闭制动分泵排气阀

4）重复步骤1）、2）、3）直至将所有的制动液完全排出

3. 添加新的制动液

1）添加新的制动液至制动总泵储液罐。确保油液被加注至最大刻度位置

2）反复踩制动踏板，后缓慢地将制动踏板踩到底，并在踏板上保持稳定的压力

3）将制动分泵排气阀打开，以便从部件打开的孔口处排出空气

4）将制动分泵排气阀关闭，然后缓慢地松开制动踏板

（续）

5）等待15s，然后重复步骤2）、3）、4），直到从制动分泵排气阀端口处排出所有空气，即放气装置不再放出气泡 6）重复以上步骤至四轮所有制动分泵处排出所有空气。在排气过程中需要确保制动总泵储液罐始终注至最满位置	
 7）在完成最后一个车轮制动分泵放气程序后，确保四个车轮液压回路放气阀都被正确紧固。等待约30s，然后检查整个液压制动系统，确保不存在制动液外部泄漏	 8）使用故障诊断仪。执行防抱死制动系统自动排气程序，以清除制动压力调节阀中可能夹带的所有空气

4. 更换后检查

 1）降下车辆并安装排烟套	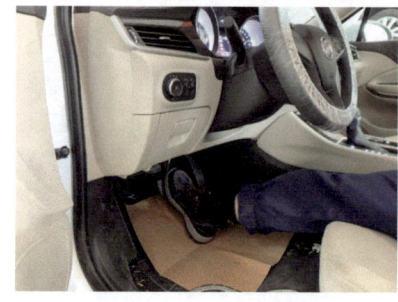 2）起动发动机。踩下制动踏板至其行程约2/3处，缓慢释放制动踏板，等待15s，然后再次踩下制动踏板至其行程约2/3直到制动踏板坚实，这将使制动钳活塞和制动片正确就位
3）检查制动主缸储液罐中的液位，将制动主缸储液罐加注到最高液位	

（续）

5. 车辆恢复及5S
1）车内三件套环保处理
2）抹布、手套回收处理
3）关闭发动机舱盖，拆除排烟套
4）拔下车辆钥匙，关门，锁门，收举升机垫块并归位
5）旧制动液环保处理
6）扭力扳手归零，工具清洁归位
7）车辆、地面清洁

【总结及拓展训练】

通过本任务的学习，同学们了解了制动液的作用与类型，掌握了制动液的更换方法。本任务与汽车专业领域职业技能等级证书标准中的1-2汽车转向悬架与制动安全系统技术（初级）——液压系统检查保养职业技能要求相对应，同学们要勤加练习，为以后考取相应等级的职业技能等级证书打下基础。现在有一辆雪佛兰科鲁兹汽车需要更换制动液，如图5-6所示，请同学们根据已学知识并结合该车辆具体情况，进行制动液的更换。

图5-6 雪佛兰科鲁兹

【考核评价】

更换制动液任务评价表

序号	操作步骤	操作要点及规范	配分	得分
1	工具设备准备		5分	
2	前期准备		10分	
3	排放制动液		20分	
4	添加新的制动液		10分	
5	制动系统排气		30分	
6	更换后检查		15分	
7	车辆恢复及5S		10分	
得　分				

任务五
更换燃油滤清器

【任务目标】
1. 了解燃油滤清器的作用。
2. 熟练掌握燃油滤清器的更换。

【任务描述】
客户王先生的别克威朗汽车已经行驶了40000km,王先生开车来到别克4S店,在服务顾问的询问与检查后将车辆交给维修技师,维修技师根据维护手册的要求对此车进行40000km维护,其中维护手册要求进行燃油滤清器的更换。下面将学习燃油滤清器的相关知识并按流程更换燃油滤清器。

【知识储备】

一、燃油滤清器的作用
燃油滤清器的作用是阻止燃油中的颗粒物、水以及不洁物,保证燃油系统精密部件免受磨损及其他损伤。氧化铁、粉尘等固定杂质一旦进入燃油系统,很容易导致喷油器的堵塞。

二、燃油滤清器的位置及分类
一般来说,燃油滤清器按安装位置分为内置式和外置式。内置式燃油滤清器安装在油箱内,外置式燃油滤清器安装在油箱外燃油管路中,如图5-7所示。

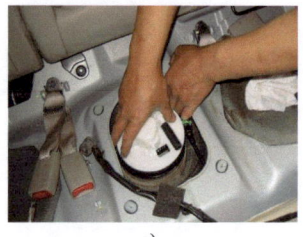 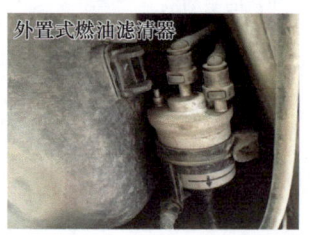

a) b)

图5-7 燃油滤清器

a) 内置式 b) 外置式

任务五　更换燃油滤清器

【任务实施】

一、工具设备准备

别克威朗实训车辆、世达 120 件套装工具、故障诊断仪 KT720、十字螺钉旋具、一字螺钉旋具、专用工具 CH-807 螺塞、安全防护眼镜、抹布、手套、车内三件套、发动机舱保护垫、车轮挡块、工具车、废气抽排装置、新燃油滤清器、分类垃圾桶、干粉灭火器。

二、任务操作过程

1. 前期准备

1）安装车轮挡块。车轮挡块安装在非驱动轮，要贴紧车轮

2）安装排烟套

3）安装车内三件套。车内三件套包括转向盘套、座椅套和地板垫

4）打开发动机舱盖
5）安装发动机舱保护垫。发动机舱保护垫包括左右翼子板布和前格栅布

115

（续）

2. 燃油系统卸压	
 1）将故障诊断仪 KT720 连接到车辆上	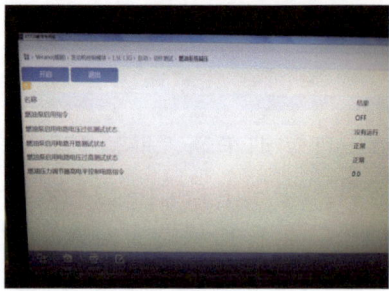 2）操作 KT720 进入动作测试功能。指令燃油泵继电器断开，从而切断低压燃油泵
3）起动发动机，让发动机怠速运行直至发动机停止 4）关闭点火开关 5）使用故障诊断仪 KT720。确认燃油系统压力很小或没有，如果系统仍然有压力，重复以上操作直至系统没有压力	

3. 拆卸燃油滤清器	
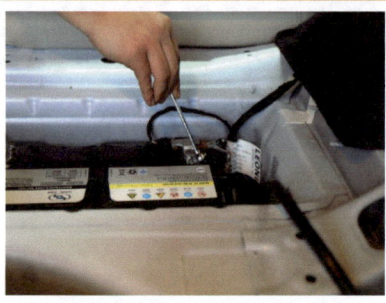 1）使用 10 号扳手断开蓄电池负极电缆	 2）安装举升机垫块 3）移除车轮挡块 4）移除排烟套 5）举升车辆至顶部并安全锁上
 6）拆下燃油管路，移除塑料挡圈快速插头	 7）从燃油滤清器上拆下燃油供油管

（续）

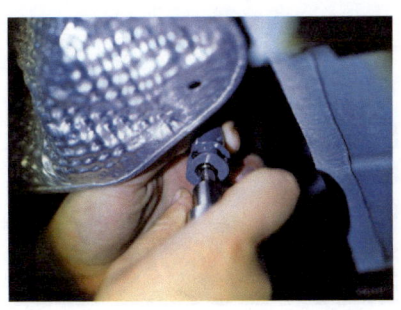

8）使用 CH-807 螺塞堵住供油管

9）转动燃油滤清器，直到卡夹从边缘完全松开

10）倾斜燃油滤清器并从活性炭罐上将其取下

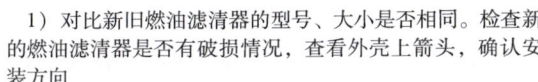

4. 安装燃油滤清器

1）对比新旧燃油滤清器的型号、大小是否相同。检查新的燃油滤清器是否有破损情况，查看外壳上箭头，确认安装方向

2）将新的燃油滤清器放置在活性炭罐边的卡夹所需的位置上

3）先倾斜再旋转燃油滤清器，直到卡夹位于边缘上

（续）

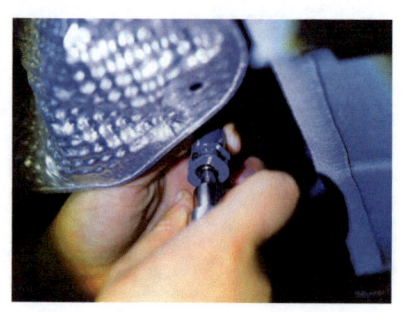	
4）从油管上拆下 CH-807 螺塞	5）连接燃油供油管及燃油供油中间管至燃油滤清器的油管
6）降下车辆	7）连接蓄电池负极电缆

5. 检查燃油滤清器的工作情况

打开点火开关，待汽油泵停止工作后，起动发动机，确认发动机燃油系统工作是否正常

6. 车辆恢复及 5S

1）车外翼子板布、前格栅布拆除并叠好归位
2）车内三件套环保处理
3）抹布、手套回收处理
4）关闭发动机舱盖，升起车窗玻璃，拔下车辆钥匙，关门、锁门，收车轮挡块并归位
5）旧燃油滤清器环保处理
6）工具清洁归位
7）车辆、地面清洁

【总结及拓展训练】

通过本任务的学习，同学们了解了燃油滤清器的作用，掌握了燃油滤清器的更换方法。本任务与汽车专业领域职业技能等级证书标准中的 1-1 汽车动力与驱动系统综合分析技术（初级）——燃油排气部件检查保养职业技能要求相对应，同学们要勤加练习，为以后考取相应等级的职业技能等级证书打下基础。现在有一辆大众桑塔纳汽车需要更换燃油滤清器，该车的燃油滤清器是外置式，请同学们根据已学知识并结合该车辆具体情况，进行燃油滤清器的更换。

【考核评价】

更换燃油滤清器任务评价表

序号	操作步骤	操作要点及规范	配 分	得 分
1	工具设备准备		5 分	
2	前期准备		10 分	
3	燃油系统卸压		25 分	

任务五　更换燃油滤清器

（续）

序号	操 作 步 骤	操作要点及规范	配　　分	得　　分
4	拆卸燃油管		10 分	
5	取下燃油滤清器		10 分	
6	安装新的燃油滤清器		10 分	
7	连接燃油管		10 分	
8	检查工作情况		10 分	
9	车辆恢复及 5S		10 分	
	得　　分			

任务六

清洗和检测喷油器

🔧【任务目标】

1. 了解喷油器的作用和原理。
2. 掌握喷油器的清洗及检测。

🚗【任务描述】

客户王先生的2013款科鲁兹汽车已经行驶了40000km，王先生开车来到雪佛兰4S店，在服务顾问的询问与检查后将车辆交给维修技师，维修技师根据维护手册的要求对此车进行40000km维护，其中维护手册要求进行喷油器的清洗和检测。下面将学习喷油器的相关知识并按流程清洗和检测喷油器。

【知识储备】

一、喷油器的作用

喷油器的作用是按照发动机ECU计算出的喷射正时和脉宽，向进气歧管或气缸内喷射燃油。

二、喷油器的喷油原理

喷油器实际上是一个电磁阀，ECU通过控制其电磁阀线圈的电流通断，来控制喷油器的工作。为了保证喷油的精确度，喷油器的球阀或针阀与阀座都要求有很高的加工精度，而且阀体的升程微小，只有0.1mm左右。如果燃油中杂质含量较高，或者喷油器喷油嘴被长期形成的胶质物堵塞，就会影响喷油器的正常工作，导致发动机怠速不稳、起动困难、动力不足甚至熄火等多种故障。

喷油器是维持发动机运转的重要部件，由喷油器体、喷油嘴、支座和弹簧等组成。由喷油器供油口泵进高压油，喷油器体内产生高压作用到喷油嘴锥面上，当油压超过调定值时喷油嘴阀芯开启，高压油呈雾状从喷油嘴小孔喷到发动机气缸里。

任务六　清洗和检测喷油器

【任务实施】

一、工具设备准备

2013 款科鲁兹实训车辆、喷油器清洗检测仪器、世达 120 件套装工具、扭力扳手、抹布、手套、工具车、分类垃圾桶等。

清洗、检测喷油器

二、任务操作过程

1. 前期准备

1) 安装车轮挡块
2) 安装排烟套
3) 安装车内三件套
4) 安装车外发动机舱保护垫

2. 泄压

1) 拔出燃油熔丝或者继电器
2) 起动发动机直到发动机自行熄灭

3. 拆卸喷油器

1) 断开燃油分配管连接的进油管路

2) 断开四个气缸喷油器插接器

（续）

3）拆卸燃油分配管固定螺栓

4）拆卸四个气缸的喷油器。先拆卸固定卡，再缓慢拔下喷油器，注意汽油泄漏问题

4. 清洗并检测喷油器

1）采用超声波清洗喷油器

方法：连接喷油器通电线，放入喷油器，倒入适量喷油器清洗液，喷油时间设定为600s，按下运行按键及超声波清洗按键

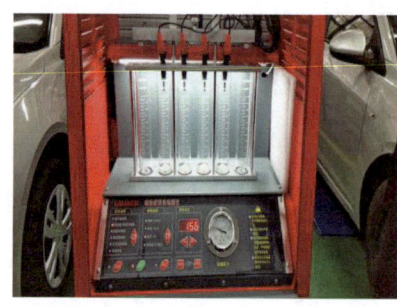

2）检测均匀性及雾化性

方法：安装喷油器及通电线，倒入适量的检测液，选择均匀性及雾化性检测菜单，按下运行按键观察四个喷油器的雾化性

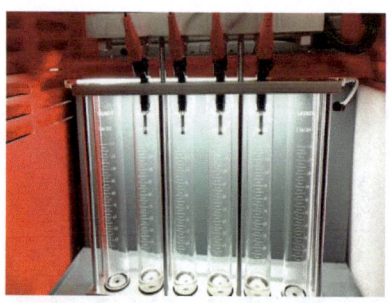

3）测试密封性

方法：选择密封性测试菜单，按下运行按键，仔细观察四个喷油器下端泄漏情况

4）检测喷油量

方法：选择喷油量检测菜单，按下运行按键，15s后观察四个量筒中的喷油量

（续）

5. 安装喷油器

1）安装喷油器。安装喷油器时可在上下两个密封圈上涂抹少量的机油，装入喷油器后安装固定卡	2）安装燃油分配管及固定螺栓。安装螺栓完成后查询维修手册分配管螺栓紧固力矩为10N·m，使用扭力扳手紧固
	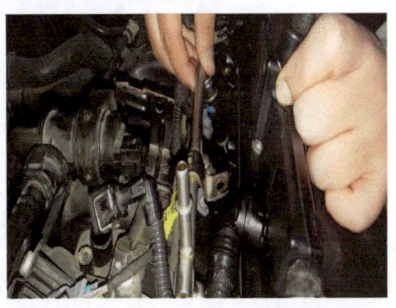
3）安装喷油器连接线	4）安装燃油分配管输油管

6. 起动发动机检查是否漏油

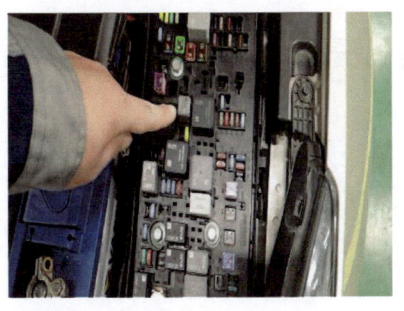	
1）安装继电器及熔丝	2）起动发动机，观察喷油器的安装情况

7. 车辆恢复及5S

1）抹布、手套回收处理
2）收举升机垫块并归位
3）扭力扳手归零，工具清洁归位
4）车辆、地面清洁

【总结及拓展训练】

通过本任务的学习，同学们了解了喷油器的作用和原理，掌握了喷油器的清洗和检测方法。本任务与汽车专业领域职业技能等级证书标准中的 1-1 汽车动力与驱动系统综合分析技术（中级）——燃油蒸发系统部件检修职业技能要求相对应，同学们要勤加练习，为以后考取相应等级的职业技能等级证书打下基础。现在有一辆别克威朗汽车需要清洗喷油器，如图 5-8 所示，请同学们根据已学知识并结合该车辆具体情况，进行喷油器的更换。

图 5-8　别克威朗汽车喷油器的位置

【考核评价】

清洗和检测喷油器任务评价表

序号	操作步骤	操作要点及规范	配　分	得　分
1	工具设备准备		5 分	
2	泄压		5 分	
3	拆卸喷油器		10 分	
4	清洗喷油器		10 分	
5	检测喷油器均匀性、雾化性		10 分	
6	检测喷油器密封性		15 分	
7	检测喷油器喷油量		15 分	
8	安装喷油器		10 分	
9	安装继电器，起动车辆		15 分	
10	车辆恢复及 5S		5 分	
	得　分			

任务七

汽车空调系统维护

【任务目标】

1. 了解汽车空调的作用。
2. 熟练掌握空调制冷剂的更换。

【任务描述】

客户王先生的别克威朗汽车已经行驶了 40000km，王先生开车来到别克 4S 店，在服务顾问的询问与检查后将车辆交给维修技师，维修技师根据维护手册的要求对此车进行40000km维护，维修技师检查完毕后发现空调制冷效果不是很好，经过维修技师分析后发现缺少制冷剂，下面将要学习空调制冷剂的回收及加注。

【知识储备】

汽车空调制冷系统主要由压缩机、膨胀阀、冷凝器、蒸发器和鼓风机等组成，各部件之间采用高压橡胶管和钢管连接成一个密闭的系统，在制冷系统工作时，制冷剂会以不同的状态在这个空间里循环流动，如图5-9所示，而这样的循环又分为了以下四个过程：

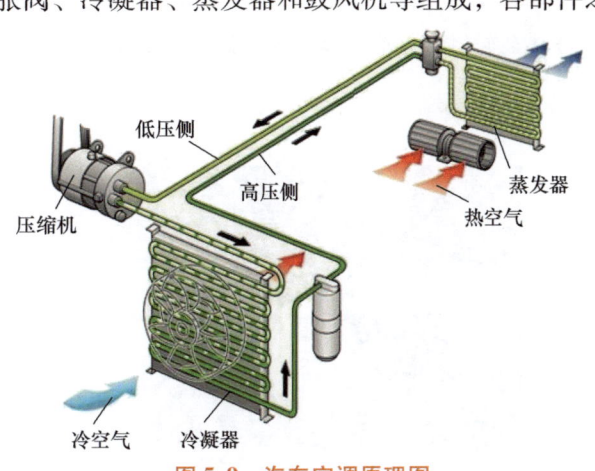

图 5-9　汽车空调原理图

（1）**压缩过程**　压缩机吸入蒸发器出口处低温低压的制冷剂气体，把它压缩成高温高压的气体排出压缩机。

（2）**散热过程**　高温高压的过热制冷剂气体进入冷凝器，由于压力及温度的降低，制冷剂气体冷凝成液体，并排出大量的热量。

（3）**节流过程**　温度和压力较高的制冷剂液体通过膨胀装置后体积变大，压力和温度急剧下降，以雾状（细小液滴）排出膨胀装置。

（4）**吸热过程**　雾状制冷剂液体进入蒸发器，此时制冷剂沸点远低于蒸发器内温度，

汽车维护

故制冷剂液体蒸发成气体。在蒸发过程中大量吸收周围的热量，而后低温低压的制冷剂蒸气又进入压缩机。上述过程周而复始地进行，达到降低蒸发器周围空气温度的目的。

【任务实施】

一、工具设备准备

别克威朗实训车辆、制冷剂回收加注机、制冷剂鉴别仪、护目镜、抹布、手套、车内三件套、发动机舱保护垫、车轮挡块、工具车、废气抽排装置、分类垃圾桶等。

汽车空调系统维护

二、任务操作过程

1. 前期准备

1）安装车轮挡块。车轮挡块安装在非驱动轮，要贴紧车轮

2）安装排烟套

3）安装车内三件套。车内三件套包括转向盘套、座椅套和地板垫

4）打开发动机舱盖
5）安装发动机舱保护垫。发动机舱保护垫包括左右翼子板布和前格栅布

126

（续）

2. 鉴别制冷剂纯度	
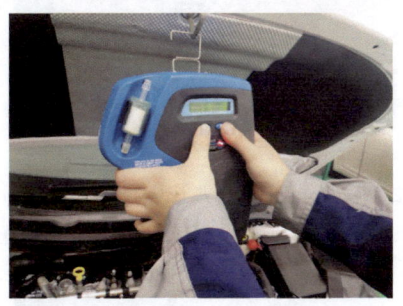	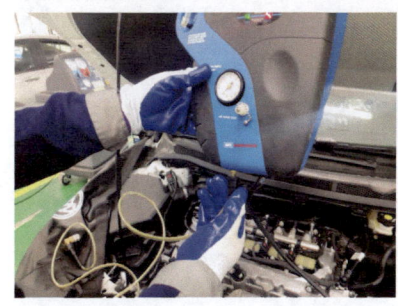
1）预热制冷剂鉴别仪 ① 连接电源，打开、观察指示灯亮起 ② 设置海拔 A + B 键同时按住 3s ③ A 键增加海拔，B 键减少海拔	2）连接采样管。连接空调系统低压管路阀口
	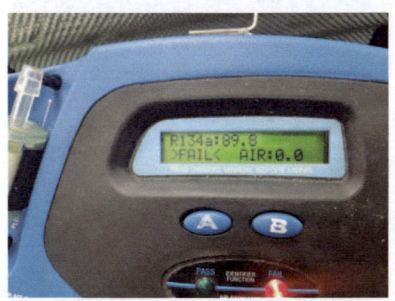
3）鉴别纯度。按下 A 键进行检测，检测种类为 R134a、R12、R22、ARI、HC	

3. 回收、加注空调制冷剂	

1）连接高低压阀口。红色连高压，蓝色连低压，在连接前检查阀门关闭状态	2）排气
	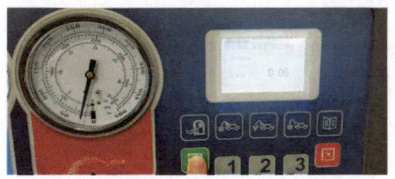
3）回收制冷剂。观察高低压压力表，压力表回置于零刻度为回收完成	4）排油

（续）

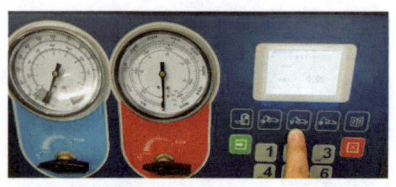 5）抽真空。抽真空时间设为15min，观察压力表下降到黑色区域并保压，观察高低压压力表回弹情况	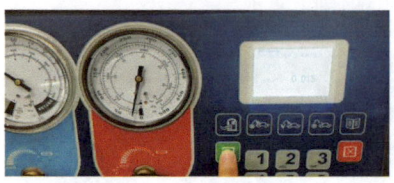 6）加注制冷剂。查询手册加注0.52kg，采用高压加注
 7）清理管路。单管清理，观察压力表到达零刻度	8）取下高低压阀

4. 车辆恢复及5S

1）车外翼子板布、前格栅布拆除并叠好归位
2）车内三件套环保处理
3）抹布、手套回收处理
4）关闭发动机舱盖，升起车窗玻璃，拔下车辆钥匙，关门，锁门，收车轮挡块并归位
5）废油进行环保处理
6）扭力扳手归零，工具清洁归位
7）车辆、地面清洁

【总结及拓展训练】

通过本任务的学习，同学们了解了汽车空调的作用，掌握了空调制冷剂的更换方法。本任务与汽车专业领域职业技能等级证书标准中的1-3汽车电子电气与空调舒适系统技术（初级）职业技能要求相对应，同学们要勤加练习，为以后考取相应等级的职业技能等级证书打下基础。现在有一辆雪佛兰科鲁兹汽车需要更换制冷剂，请同学们根据已学知识并结合该车辆具体情况，进行制冷剂的更换。

【考核评价】

汽车空调系统维护任务评价表

序号	操作步骤	操作要点及规范	配 分	得 分
1	工具设备准备		5分	
2	前期准备		10分	
3	鉴别制冷剂纯度		20分	

任务七 汽车空调系统维护

（续）

序号	操作步骤		操作要点及规范	配 分	得 分
4	回收、加注空调制冷剂	排气		5 分	
5		回收		15 分	
6		抽真空		10 分	
7		加注		15 分	
8		清理管路		10 分	
9	车辆恢复及 5S			10 分	
得 分					

练一练

一、填空题

1. 在点火系统中产生高压电的部件为_____。
2. 冷却液根据成分的不同，主要有_____、_____和_____。
3. 冷却液常见的颜色有_____、_____和_____。
4. 制动系统中_____最容易磨损需要更换。
5. 燃油滤清器按安装在汽车上的位置分为_____、_____。
6. 喷油器喷油脉宽是由_____控制的。
7. 空调鉴别仪可以鉴别的制冷剂类型为_____、_____、_____。

二、问答题

1. 简述火花塞拆装的步骤。

2. 简述冷却液更换的步骤。

3. 简述制动片拆装的步骤。

4. 简述燃油滤清器的作用。

5. 简述喷油器的检测及重要性。

6. 简述空调制冷剂回收加注的步骤及要求。

项目六 / Project 6

80000km维护

【项目描述】

80000km维护是汽车维护中非常重要的一个项目,本项目包括更换传动带、更换制动盘、更换手动变速器油以及更换自动变速器油。通过本项目的学习,学生可以掌握80000km维护所需的技能。

任务一

更换传动带

【任务目标】

1. 了解发动机传动带的作用。
2. 熟练掌握发动机传动带的更换。

【任务描述】

客户王先生的别克威朗汽车已经行驶了 80000km,王先生开车来到别克4S店,在服务顾问的询问与检查后将车辆交给维修技师,维修技师根据维护手册的要求对此车进行80000km 维护,维修技师进行了检查,发现传动带存在裂纹及磨损,根据维修技师的要求需要更换传动带。下面将学习如何按照流程更换传动带。

【知识储备】

传动带又称为发动机附件皮带,由发动机曲轴带轮驱动通过传动带使动力传递到发电机、空调压缩机和水泵,如图6-1所示。

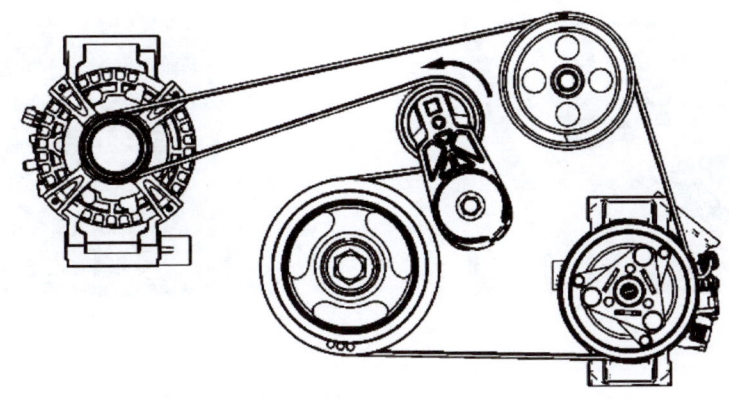

图 6-1　威朗发动机传动带的结构图

发动机传动带在使用过程中受到拉力和摩擦力的作用会慢慢磨损和损坏,特别在使用过程中断裂会引起发动机充电系统无法工作、发动机冷却液温度过高、空调无法工作等故障。

所以发动机传动带要定期检查，只要发现磨损就要更换。

【任务实施】

一、工具设备准备

别克威朗实训车辆、世达 120 件套装工具、抹布、手套、车内三件套、发动机舱保护垫、车轮挡块、工具车、废气抽排装置、发动机传动带张紧轮转动专用工具、分类垃圾桶等。

更换传动带

二、任务操作过程

1. 前期准备	
 1）安装车轮挡块。车轮挡块安装在非驱动轮，要贴紧车轮	 2）安装排烟套
 3）安装车内三件套。车内三件套包括转向盘套、座椅套和地板垫	 4）打开发动机舱盖 5）安装发动机舱保护垫。发动机舱保护垫包括左右翼子板布和前格栅布

2. 拆装传动带

（续）

1）使用专用工具逆时针旋转张紧轮	2）取下传动带

3. 安装传动带及检查传动带工作情况

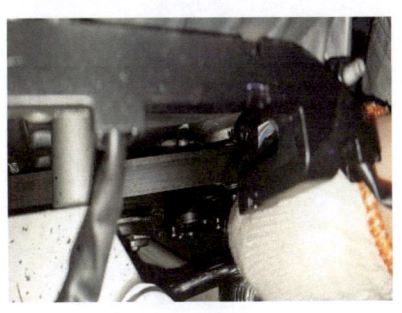	
1）安装新的传动带。安装之后检查每个带轮是否都完全安装到槽内	2）检查传动带的安装情况。起动发动机后观察传动带运行状况

4. 车辆恢复及5S

1）车外翼子板布和前格栅布拆除并叠好归位
2）车内三件套环保处理
3）抹布、手套回收处理
4）关闭发动机舱盖，升起车窗玻璃，拔下车辆钥匙，关门，锁门，收车轮挡块并归位
5）旧传动带进行环保处理
6）扭力扳手归零，工具清洁归位
7）车辆、地面清洁

【总结及拓展训练】

通过本任务的学习，同学们了解了发动机传动带的作用，掌握了发动机传动带的更换方法。本任务与汽车专业领域职业技能等级证书标准中的1-1汽车动力与驱动系统综合分析技术（初级）——驱动传动带正时功能检查职业技能要求相对应，同学们要勤加练习，为以后考取相应等级的职业技能等级证书打下基础。现在有一辆雪佛兰科鲁兹汽车需要更换发动机传动带，请同学们根据已学知识并结合该车辆具体情况，进行发动机传动带的更换。

汽车维护

【考核评价】

更换传动带任务评价表

序号	操作步骤	操作要点及规范	配 分	得 分
1	工具设备准备		10分	
2	前期准备		10分	
3	拆卸传动带		30分	
4	安装传动带		30分	
5	检查传动带工作情况		10分	
6	车辆恢复及5S		10分	
得　分				

任务二 更换制动盘

🔧【任务目标】

1. 了解制动盘的作用。
2. 熟练掌握制动盘的更换。

🚚【任务描述】

客户王先生的别克威朗汽车已经行驶了80000km,王先生开车来到别克4S店,在服务顾问的询问与检查后将车辆交给维修技师,维修技师根据维护手册的要求对此车进行80000km维护,其中维护手册要求进行前轮制动盘的更换。下面将学习制动盘的相关知识并按流程更换制动盘。

【知识储备】

一、制动盘的作用

制动盘俗称作刹车盘,是一个金属圆盘,是用合金钢制造并固定在车轮上,随车轮转动,如图6-2所示。车辆在行驶过程中踩制动踏板时,制动卡钳夹住制动盘起到减速或者停车的作用。一般制动盘上有圆孔,其作用是散热、减轻重量和增加摩擦力。制动盘种类繁多,不同种类的制动盘,在盘径、盘片厚度及两片间隙尺寸上存在差异,盘毂的厚度和高度也各不相同。

图6-2 制动盘

二、制动盘的优点

1) 制动效能受摩擦因数的影响较小,制动效能较稳定。
2) 进水后效能降低较少,而且只需经一两次制动即可恢复正常。
3) 在输出制动力矩相同的情况下,尺寸和质量比鼓式制动器小。
4) 制动盘沿厚度方向的热膨胀量极小,不会像制动鼓那样使制动器间隙明显增加而导致制动踏板行程过大。
5) 较容易实现间隙自动调整,其他维护作业也比较简单。

【任务实施】

一、工具设备准备

别克威朗实训车辆、世达120件套装工具、S钩、扭力扳手、抹布、手套、车内三件套、工具车、废气抽排装置、新制动盘、分类垃圾桶、举升机垫块、制动钳活塞复位工具等。

更换制动盘

二、任务操作过程

1. 前期准备

1）安装车内三件套。车内三件套包括转向盘套、座椅套和地板垫

2）打开发动机舱盖，安装发动机舱保护垫。发动机舱保护垫包括左右翼子板布和前格栅布

3）检查制动主缸储液罐中的液位。如果制动液液位高于最满标记或低于最低允许液位，则在开始前应排出或加注制动液

4）安装举升机垫块

5）举升车辆至适当高度

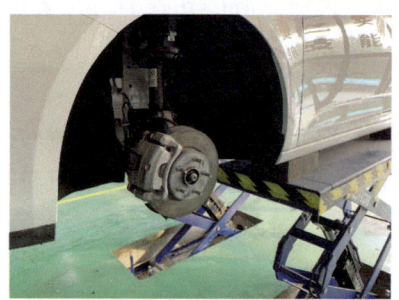

6）拆卸轮胎

2. 拆卸制动钳与制动钳托架	
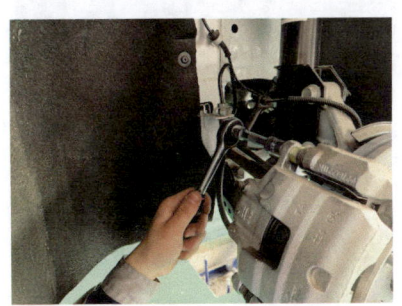	
1）拆卸制动钳导销螺栓并移除前制动钳	2）利用 S 钩将制动钳支撑 注意：不可从制动钳上断开制动软管，无论制动钳是从其支座上分离，还是仍连接着液压挠性制动软管，都要用粗钢丝或同等工具支撑住制动钳。若不这样支撑制动钳，会使挠性制动软管承受制动钳重量，导致制动软管损坏，从而可能导致制动液泄漏
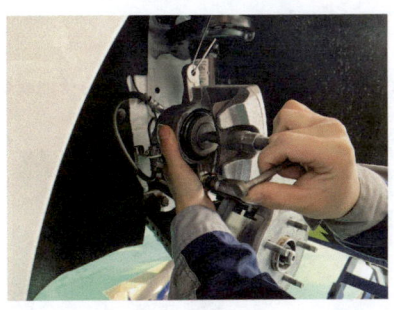	
3）将盘式制动器制动钳活塞推至制动钳孔内，使用专用制动钳活塞复位工具	4）取下制动片
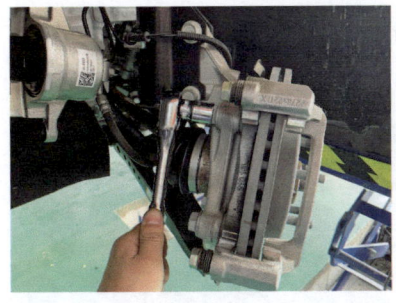	
5）拆卸制动钳托架固定螺栓	6）将制动钳托架拆下

（续）

3. 更换制动盘	
 1）拆卸前制动盘固定螺栓	 2）拆下前制动盘
 3）彻底清理轮毂与车桥法兰盘结合面上的锈蚀或腐蚀物	 4）彻底清理制动盘结合面和安装面上的锈蚀或腐蚀物
 5）检查轮毂/车桥法兰和制动盘的结合面，确保没有异物或碎屑	 6）安装前制动盘
7）安装前制动盘固定螺栓并紧固至9N·m	

（续）

4. 安装制动钳与制动钳托架		

1）安装前制动钳托架		2）安装并紧固制动钳托架螺栓。第一次紧固至150N·m

3）安装并紧固制动钳托架螺栓。第二次紧固45°~60°		4）安装制动片

5）安装制动钳并紧固制动钳导销螺栓至36N·m		6）安装轮胎

5. 更换后检查	

1）降下车辆并安装排烟套 2）起动发动机。踩下制动踏板至其行程约2/3处，缓慢释放制动踏板。等待15s，然后再次踩下制动踏板至其行程约2/3处直到制动踏板坚实。这将使制动钳活塞和制动片正确就位	3）检查制动主缸储液罐中的液位。总泵储液罐加注，将制动主缸储液罐加注到最高液位

(续)

6. 车辆恢复及5S

1) 车内三件套环保处理
2) 抹布、手套回收处理
3) 关闭发动机舱盖，拆除排烟套
4) 拔下车辆钥匙，关门，锁门，收举升机垫块并归位
5) 旧制动盘环保处理
6) 扭力扳手归零，工具清洁归位
7) 车辆、地面清洁

【总结及拓展训练】

通过本任务的学习，同学们了解了制动盘的作用，掌握了制动盘的更换方法。本任务与汽车专业领域职业技能等级证书标准中的1-2 汽车转向悬架与制动安全系统技术（初级）——盘式制动器检查保养职业技能要求相对应，同学们要勤加练习，为以后考取相应等级的职业技能等级证书打下基础。现在有一辆雪佛兰科鲁兹汽车需要更换制动盘，如图 6-3 所示，请同学们根据已学知识并结合该车辆具体情况，进行制动盘的更换。

图 6-3 雪佛兰科鲁兹汽车制动盘

【考核评价】

更换制动盘任务评价表

序号	操作步骤	操作要点及规范	配 分	得 分
1	工具设备准备		5分	
2	前期准备		10分	
3	拆卸制动钳螺栓		10分	
4	拆卸制动片		10分	
5	拆卸制动钳托架		10分	
6	拆卸与更换新的制动盘		5分	
7	安装制动钳托架并紧固		10分	
8	安装制动片		10分	
9	安装制动钳螺栓并紧固至规定力矩		10分	
10	更换后检查		15分	
11	车辆恢复及5S		5分	
得 分				

任务三
更换手动变速器油

【任务目标】
1. 了解手动变速器油的作用。
2. 熟练掌握手动变速器油的更换方法。

【任务描述】
客户王先生的2013款科鲁兹汽车已经行驶了80000km，王先生开车来到雪佛兰4S店，在服务顾问的询问与检查后将车辆交给维修技师，维修技师根据维护手册的要求对此车进行80000km维护，其中维护手册要求进行手动变速器油的更换。下面将学习手动变速器油的相关知识并按流程更换手动变速器油。

【知识储备】

一、手动变速器油的作用

手动变速器油通常称为齿轮油，具有润滑、清洗、防锈、散热等作用，车在行驶过程中齿轮高速运转，摩擦产生热量，手动变速器油可以很好地实现润滑以及降低温度，保证车辆正常运行，同时还能在严苛操作条件下减少油品损失。

二、手动变速器油的常见型号及意义

W表示低温型冬季使用，W前面的数字表示低温黏度，数字越小，黏度越大，低温性能越好；W后面的数字表示高温黏度，数字越大，黏度越大，高温性能越好。也就是说，75W-90和80W-90有同等的高温性能，而75W-90的低温黏度小，流动性好，低温性能更强。75W适用温度零下45℃地区，80W适用温度不低于零下35℃地区，明显75W-90要更好，更适合气温比较低的地方使用。

举例：75W-90，75为低温流动性（只是代码），与机油标号类似，W为四季可用油，90为高温状态下的运动黏度，75W-90合在一起就是四季通用手动变速器油。

> **说明：**
> 手动变速器油因为黏度关系，不可与机油混用；因功能关系，不可与自动变速器油混用。

汽车维护

更换手动变速器油需要选择合适的型号,除75W-90外,80W-90也很常见,75W-90和80W-90都是SAE黏度级别,手动变速器油可以分为单级黏度型和多级黏度全天候型,而单级黏度型又分为高温型和低温型。75W-90和80W-90属于多级黏度全天候型,两者的区别在于低温黏度差异。

GL-4、GL-5:是按美国石油学会(API)车辆手动变速器油使用性能分级,GL-4一般属于中等负荷手动变速器油,GL-5属于重负荷手动变速器油。

【任务实施】

一、工具设备准备

2013款科鲁兹实训车辆、世达120件套装工具、十字螺钉旋具、一字螺钉旋具、抹布、手套、车内三件套、发动机舱保护垫、车轮挡块、工具车、废气抽排装置、手动变速器油、分类垃圾桶等。

更换手动变速器油

二、任务操作过程

1. 前期准备

1)安装车内三件套。车内三件套包括转向盘套、座椅套和地板垫

2)打开发动机舱盖,安装发动机舱保护垫。发动机舱保护垫包括左右翼子板布和前格栅布

3)安装举升机垫块

4)举升车辆至顶部

（续）

2. 排放手动变速器油

1）清洁放油螺塞周边，拆下放油螺塞

2）将手动变速器油排入废油回收装置
注意：带容量收集

3）让手动变速器油排放10min，比较手动变速器油油量和所需的油位

4）安装新的放油螺塞并紧固至50N·m

3. 加注手动变速器油

1）操作举升机降下车辆

2）清洁加注螺塞周围区域
3）拆下并报废加注螺塞

4）加注新的手动变速器油

5）安装新的加注螺塞并紧固至30N·m

汽车维护

(续)

4. 车辆恢复及5S
1）车外翼子板布、前格栅布拆除并叠好归位 2）车内三件套环保处理 3）抹布、手套回收处理 4）关闭发动机舱盖，升起车窗玻璃，拔下车辆钥匙，关门，锁门，收车轮挡块、举升机垫块并归位 5）扭力扳手归零，工具清洁归位 6）车辆、地面清洁

【总结及拓展训练】

通过本任务的学习，同学们了解了手动变速器油的作用，掌握了手动变速器油的更换方法。本任务与汽车专业领域职业技能等级证书标准中的1-1汽车动力与驱动系统综合分析技术（初级）——手动变速系统检查保养职业技能要求相对应，同学们要勤加练习，为以后考取相应等级的职业技能等级证书打下基础。现在有一辆大众桑塔纳汽车需要更换手动变速器油，请同学们根据已学知识并结合该车辆具体情况，进行手动变速器油的更换。

【考核评价】

更换手动变速器油任务评价表

序号	操作步骤	操作要点及规范	配　分	得　分
1	工具设备准备		10分	
2	前期准备		10分	
3	排放手动变速器油		35分	
4	加注手动变速器油		35分	
5	车辆恢复及5S		10分	
得　分				

任务四
更换自动变速器油

🔧【任务目标】
1. 了解自动变速器油的作用。
2. 熟练掌握自动变速器油的更换方法。

🚗【任务描述】
客户王先生的别克威朗汽车已经行驶了 80000km，王先生开车来到别克 4S 店，在服务顾问的询问与检查后将车辆交给维修技师，维修技师根据维护手册的要求对此车进行 80000km 维护，其中维护手册要求进行自动变速器油的更换。下面将学习自动变速器油的相关知识并按流程更换自动变速器油。

【知识储备】

一、自动变速器油的作用

自动变速器油是一种多用途、多功能的润滑油，主要用于汽车自动变速系统。在自动变速器中装有液力变矩器、齿轮变速机构和液压机构等零部件，这些零部件均用同一种油作为润滑和传送能量，所以自动变速器油必须具有多种功能和性能要求。

在液力变矩器中，利用自动变速器油在泵轮和涡轮之间传递动能；在摩擦片表面，自动变速器油也作为热传导介质，控制摩擦件的表面温度和压紧力，以防止烧结；在齿轮机构中，自动变速器油又作为润滑介质，保护部件以减少磨损。

二、自动变速器油的类型

根据自动变速器结构的不同，目前，市场上主要有 AT、CVT、DCT 等几类自动变速器。它们使用的变速器油都是不同的，如图 6-4 所示。别克威朗汽车上使用 AT 变速器，通常用油简称为 ATF。AT 变速器油根据档位数的不同，选用

图 6-4　自动变速器油

的标准也是不同的，较早的一些 6 档以内的自动变速器用油，和目前宝马、奔驰的 8AT、9AT 用油有着很大的不同，主要表现在黏度和油液的颜色上，具体需查阅相关维修手册。

CVT 类型的自动变速器用油大体上可以分为两类，一类是以日产、丰田为代表的钢带式 CVT，还有一类以早期奥迪及斯巴鲁车型上应用的链条式 CVT，两类 CVT 的自动变速器油不能混用。

DCT 经过由湿式到干式再回到湿式的发展过程，DCT 用油也是不同的，干式类似于手动变速器油的成分，湿式类似于 ATF 的成分，两者之间也不能混用，具体车型以厂家维修资料为准。

【任务实施】

一、工具设备准备

别克威朗实训车辆、世达 120 件套装工具、十字螺钉旋具、一字螺钉旋具、抹布、手套、车内三件套、发动机舱保护垫、车轮挡块、工具车、汽车诊断仪、废气抽排装置、自动变速器油、分类垃圾桶等。

更换自动变速器油

二、任务操作过程

1. 前期准备

1）安装车内三件套。车内三件套包括转向盘套、座椅套和地板垫

2）打开发动机舱盖，安装发动机舱保护垫。发动机舱保护垫包括左右翼子板布和前格栅布

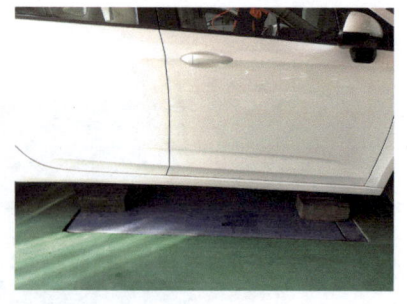

3）安装举升机垫块

4）举升车辆至顶部

（续）

2. 排放自动变速器油

1）拆下放油螺塞。将自动变速器油排入废油回收装置

2）检查收集的自动变速器油是否有杂质或其他金属颗粒物

3）安装放油螺塞并紧固至12N·m

3. 加注自动变速器油

1）操作举升机降下车辆

2）拆下变速器通风软管和加注口盖

3）查阅维修手册并加注适量的新自动变速器油

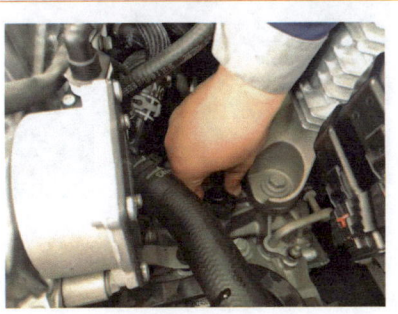

4）安装加注口盖和通风软管

（续）

4. 检查油位

1）起动发动机，踩下制动踏板并将变速杆挂到每个档位各停顿3s，然后挂回P位

2）怠速运转发动机至少3min，使油液泡沫消散、油位稳定，松开制动踏板

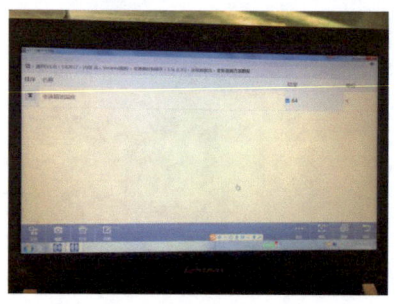

3）保持发动机运行
① 通过驾驶人信息中心或者汽车诊断仪观察自动变速器油温度
② 检查液位时，车辆水平停放，发动机必须处于运行状态且变速杆位于P位

4）举升车辆
① 在发动机怠速运行时，拆下油位螺塞，允许任何油液排放至油液回收装置
② 如果油液稳定流出，则等待直到油液每秒滴出一次后紧固。如果没有油液流出，则加注油液直至油位孔塞中每秒滴出一次

5）降下车辆。拆下变速器通风软管和加注口盖

6）使车辆怠速运行。通过油加注口盖孔加注油液，直至油从油位孔塞中流出。等待直至油液仅从油位孔塞中每秒滴出一次

（续）

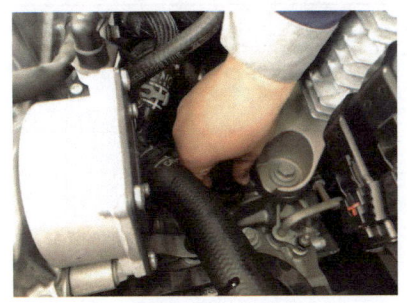 7）安装变速器加注口盖和通风软管	 8）举升车辆。安装油位螺塞并紧固至12N·m
9）降下车辆，使发动机熄火	

5. 车辆恢复及5S

1）车外翼子板布、前格栅布拆除并叠好归位
2）车内三件套环保处理
3）抹布、手套回收处理
4）关闭发动机舱盖，升起车窗玻璃，拔下车辆钥匙，关门、锁门、收车轮挡块、举升机垫块并归位
5）扭力扳手归零，工具清洁归位
6）车辆、地面清洁

【总结及拓展训练】

通过本任务的学习，同学们了解了自动变速器油的作用，掌握了自动变速器油的更换方法。本任务与汽车专业领域职业技能等级证书标准中的1-1 汽车动力与驱动系统综合分析技术（初级）职业技能要求相对应，同学们要勤加练习，为以后考取相应等级的职业技能等级证书打下基础。现在有一辆日产骐达汽车需要更换自动变速器油，请同学们根据已学知识并结合该车辆具体情况，进行自动变速器油的更换。

【考核评价】

更换自动变速器油任务评价表

序号	操作步骤	操作要点及规范	配 分	得 分
1	工具设备准备		5分	
2	前期准备		10分	

汽车维护

(续)

序号	操作步骤	操作要点及规范	配 分	得 分
3	排放自动变速器油		20 分	
4	加注自动变速器油		20 分	
5	检查油位		35 分	
6	车辆恢复及 5S		10 分	
	得 分			

练一练

一、填空题

1. 威朗汽车传动带用于驱动_____和_____。
2. 威朗汽车传动带一般_____km 更换。
3. 威朗汽车前制动盘固定螺栓拧紧力矩为____N·m。
4. 威朗汽车制动钳导销螺栓拧紧力矩为____N·m。
5. 威朗汽车手动变速器放油螺塞紧固力矩为____N·m。
6. 威朗汽车手动变速器油加注量为_____。
7. 根据结构的不同，自动变速器可分为_____、_____和_____。
8. 威朗汽车自动变速器放油螺塞紧固力矩为_____N·m。

二、问答题

1. 更换新的制动盘后如何检查？

2. 简述手动变速器油标号 75W-90 的含义。

3. 自动变速器加注新的油后如何检查车辆？